乐以忘忧

薛仁明读《论语》

薛仁明 著

中华书局

图书在版编目(CIP)数据

乐以忘忧:薛仁明读《论语》/薛仁明著. —北京:中华书局,
2022.5(2022.9 重印)
　ISBN 978-7-101-15375-0

　Ⅰ.乐…　Ⅱ.薛…　Ⅲ.①儒家②《论语》-研究
Ⅳ.B222.25

中国版本图书馆 CIP 数据核字(2021)第 192453 号

书　　名	乐以忘忧——薛仁明读《论语》	
著　　者	薛仁明	
责任编辑	李　猛	
责任印制	陈丽娜	
出版发行	中华书局	
	(北京市丰台区太平桥西里 38 号　100073)	
	http://www.zhbc.com.cn	
	E-mail:zhbc@zhbc.com.cn	
印　　刷	北京新华印刷有限公司	
版　　次	2022 年 5 月第 1 版	
	2022 年 9 月第 2 次印刷	
规　　格	开本/880×1230 毫米　1/32	
	印张 7⅝　插页 2　字数 220 千字	
印　　数	10001-16000 册	
国际书号	ISBN 978-7-101-15375-0	
定　　价	45.00 元	

目 录

前　言

　　此书是根据我在北京辛庄师范、北京大学、郑州管城区教育局讲课的内容改写而成。

　　协助整理此书者，有北京辛庄师范第一届全体同学、时任山东《视周刊》副审编赵之萍（也是我的微信公众号"我心安处天清地宁"创刊主编）以及台北天清地宁读书会发起人罗燕侬。

　　繁体版原书七万余字，经扩充改写后，简体版增加为十万余字。

　　　　　　　　　　　　　　　　薛仁明谨志

自 序

一向，我读书慢。

小时候看报，有种速读的广告，很羡慕那样的一目十行；念大学后，闻听朋友能三两天读完一本书，书中要义还讲得头头是道，也不禁佩服。不过，在某个年岁之后，忽然我都不羡慕、也不觉有啥可佩服了。

年纪渐长渐清楚：读书是"如人饮水，冷暖自知"。饮水，得慢慢饮；喝急了，没好处，反而有副作用。书读得慢，不仅能知冷暖，更贵在有"自知"。人"自知"，就安稳。不"自知"，常常读越多、读越快，便越容易中书毒。读书中书毒者，众矣。中了书毒，才有古人的头巾气、酸腐气，也才有今人的文艺腔、愤青味，当然，还有那种种啰哩吧唆的学术腔。

曾经，我就中过书毒。因此，文艺腔、愤青味，乃至于啰哩吧唆的学术腔，身上都有。中书毒后，读书其实就是逐物，就是玩物丧志。所幸，后来清了毒，等事隔多年，我再瞅着那些文青、愤青以及学术中人整天读书却越活越难受，总想劝劝他们："就别读了吧！"

所以老子才说："绝圣弃智。"

明白这点后，原本读书就慢的我，就更坦然地越读越慢了。

我读《论语》，就这么渐读渐慢。打从大学认真读起，至今，也三十多年了。一开始，总字字句句想弄明白，而今，但凡某章句偶有会心，便欣欣然，不复他求。这么"不求甚解"读下来，渐渐与孔子有种莫逆之感，故人似的。多久照面一回，不打紧，总之，时不时便会见见的。于是心血来潮，翻两页；闲来无事，也翻两页。翻书如见面，见面无多言，但简静之中，自有一番怡悦与欢喜。当年孔子称赞晏平仲"善与人交，久而敬之"。我读孔子，越到后来，也越"久而敬之"，甚至"久而爱之"。

敬爱这位孔老师多年之后，甲午年（公元2014年），我开始在两岸讲授《论语》。几年下来，越讲越频繁，也越讲越缓慢。常常一个早上，就单讲个三两章句；那回在杭州，甚至连续三天早上都在讲一句老掉牙的"学而时习之，不亦说乎？"我讲课除了"不求甚解"之外，还老跑题。有人抱怨我整堂课没讲啥《论语》，有人则说我讲的是真《论语》。到底切不切题，其实两可。至于我课上说了些什么，其实我也不甚清楚；而说多说少，我更不在意。真说在意的，无非就是引领了这些人与孔子相见，是否，他们也都领受了那番怡悦与欢喜呢？

是为序。

2019年12月9日

《论语》怎么读

　　读《论语》，我建议先只读原文，也就是所谓的"素读"，读没有任何注释的白文。

　　历代的《论语》注释已经多得吓人，单单为了一两个字，常常就可以众说纷纭、纠缠半天；至于整句的解释，更是各说各话、各持己见。最后，就成了让所有人寻章摘句、"死于句下"的无底深渊。读《论语》，首先别掉入这个陷阱。

　　在原文之外，另外去找些批注参考书，当然可以。三十年前我念大学时，最认真读的，是朱熹的《四书集注》。但如果你现在问我："用《四书集注》好不好？"我只能说："最好不要。"那是另一个无底洞，是理学家的一套所谓"义理"系统；那系统刚进去时，会觉得很迷人，似乎非常有道理；可不知不觉地，人会被桎梏住，全身发紧。别人不知道，至少，我就曾经跳进这个误区；换句话说，那时我全身发紧，而且，还紧了很久。

　　时下各种批注书实在太多了，在这么多批注书之中，到底哪一个最好，其实我也说不上来。不同的《论语》批注版本，很多字句的解释彼此矛盾、完全是天差地别，没有人知道到底哪一个才是对的，除非，你去问孔子本人。但话说回来，即使是孔子再世，你真问他，也未必有用；恐怕他看了某些章句之后，也得迟疑片晌，说："隔了这么久，其实我也忘了当初是什么意思。"而且，同样的词句，在不同时空之下，意思也常不一样；就算问孔子，他也还要仔细回忆当时是跟谁讲的、是在什么情境下说的。在这回忆的过程，肯定有些是错置、有些是模糊，甚至有些根本就是忘掉了。更别说《论语》中经常可以看到，孔子回答不同弟子所提的同一个问题时，会谈出两个完全颠倒的观点。那么，到底哪一个才是对的？

　　事实上，如果我们把《论语》原文中那些具体的情境给抽离掉，读不出孔子说话时的心情与表情，将孔子的话当成金科玉律、一条条颠扑不破的真理，那就远离了《论语》。所以，读《论语》的第二个前提是，不要去纠结那些字句到底是什么意思，可以先看我们体会得了、感觉得到，也看得懂的。讲句老实话，单单这些，就够我们受用一辈子了。正如《庄子》说的"鹪鹩巢于深林，不过一枝；偃鼠饮河，不过满腹"。读书不要贪心，别读太多，也别想要把什么东西都搞懂。

更进一步说，倘使搞懂了，对你当真就有帮助吗？那也未必。那些自以为搞懂很多道理的人，常常也是读书对他最没帮助的人；因为，懂越多道理，越容易产生我执；懂越多道理，学问与生命也越容易割裂。

所以，别贪心，别啥东西都想搞懂。有些章句不明白，就先搁着。什么东西都想搞懂，啥事都"打破砂锅问到底"，那是西方式追求客观知识、追求逻辑正确的态度，不是中国人踏实过生活的态度。中国人面对事物会保持一份基本的虔敬，知道有些东西是在我们的能力之外，有些东西是没有能力知道的，甚至，有些东西我们压根儿就不应该知道。《庄子》说某事该"存而不论"，某事则需"论而不议"，这就叫"知止"，就是要懂得踩刹车。因为懂得"止"，所以陶渊明才会说"不求甚解"。"不求甚解"其实是种静气，更是种大气。

所以，一开始读《论语》，我们先建立起简单的大方向，就两个字——"受用"。我们读了有体会、感觉到受用，这样就好。其他的，统统无关紧要，统统都可以放下。所有东问西问、枝枝节节的问题，我们没那个闲工夫来理会；类似的问题，就留给学院的教授先生操心吧！

接下来，我们谈谈《论语》的编排。

《论语》整本书的编排当然有一定的架构和脉络，但大家别忘了，孔子当初可不是为了这个架构和脉络才来说话的；换句话说，这个架构必然是事后建立的。孔子的门人把孔子语录记载下来，而后在整理编排时，按照一定的脉络安排，形成今天我们所读的《论语》。这里面，必定有编辑群的思路与喜好，甚至也有他们的偏见。因此，不要把整本《论语》的编排看得太理所当然，想成必然有一个完整架构、有一套密码，我们可以把它破解……不是的，事情没有那么复杂。真把《论语》的编排想得太复杂，多少就有子夏说的"致远恐泥"那个"泥"的毛病了。

现在讲《论语》，一开始都从《学而》篇开始，单单"学而时习之"五个字，就可以讲一两堂课，甚至可以更久。不过，在这五个字之前，还有两个很重要的字，倒是可能被忽视了——"子曰"，孔子说。我们要特别留意的是，第一章的开头是"子曰"，而第二章呢？是"有子曰"，第三章又是"子曰"，至于第四章，则是"曾子曰"……这个编排很有意思，透露了一个相当重要的信息。

我们从《论语》开篇一路翻下去，头一个讲话的是孔子，其次出场的是有子，接着孔子再讲一章，而后曾子第四章登场，紧接着，第五、六章是孔子，第七章是子夏，然后后面又是曾子。从这样的登场顺序，我们大致可以判断：当时《论语》一书的编辑群，应该与有子、曾子和子夏的关系颇为密切，很可能这些编辑群就是他们的弟子。其中，开卷《学而》第一篇，除了孔子本人之外，有子出现了三次，频率最高；可是，我们仔细看有子所说的话，怎么看，似乎都很难觉得有那么重的分量足以紧挨在孔子身旁、摆在如此显要的位置。那么，他所凭借的，又是什么呢？

　　原因之一，可能是因为他的弟子是主编。原因之二，更可能是有子有个特殊之处，因而取得了某种特殊地位——有子长得很像孔子。孔子去世之后，有一群学生因为孺慕太甚、思念太过，于是爱屋及乌，便有人提议让这位相貌酷似孔子的有子坐在上位，大家像当年侍奉孔子老师一般，每天向有子行礼。不过，这个当时看来似乎动人、可事后多少显得有些搞笑的提议，不多久，就被曾子否决掉了。

　　至于曾子、子夏，应该也是因为主编的特殊考虑，才会编到这么前面去。这事提醒我们，看一本书，还真得注意编辑是哪些人，也得留意编辑后面的思路与偏好。如果，《论语》换成总编辑是颜回，主编子路，执行编辑子贡，《论语》的样貌与气象应该会跟今天我们看到的不太一样。如果是这样的编辑阵容，第一个出场的，肯定还是孔子，可紧接着的第二个，大概就不会是有子了。

所以，我不觉得读《论语》必定得一章章按顺序读下去，也不认为每一章都是金科玉律……没这回事。以前我教学生背《论语》，就跟他们说，有子的部分可以跳过去不背，因为有子说的话未必有那么透。真论对生命的领会，有子的境界不见得高到非背不可。

　　也是因为这个原因，我不认为读《论语》非得要从《学而》篇开始。如果让我挑，我更愿意从第五篇《公冶长》的第二十六章讲起。自然，这也透露出我的成见与偏好。

儒与侠

> 颜渊、季路侍。子曰："盍各言尔志?"子路曰：
> "愿车马、衣轻裘，与朋友共，敝之而无憾。"颜渊
> 曰："愿无伐善，无施劳。"子路曰："愿闻子之志。"
> 子曰："老者安之，朋友信之，少者怀之。"
>
> ——《论语·公冶长第五》第26章

如果我能"穿越"回两千五百年前，而且当上了《论语》一书的总编辑，我愿意把这一章选为《论语》全书的开篇。

原因之一，是重要的人物全部都登场了。《论语》的第一号人物，当然是孔子；第二号人物，肯定是颜回；至于第三号子路、第四号子贡，这个顺序历朝历代基本没太多异议。开篇第一章，就先让前三号人物登场，我觉得比较符合位阶。

原因之二，是除了出场顺序合理之外，这一章还非常具有代表性，能让我们看到孔子的魅力所在，也能读到孔门的气象所在。

这一章不是现代概念下的课堂讨论，而是孔门实际生活的剪影。因为是生活剪影，所以最真实生动。

一开始，"颜渊、季路侍"，颜回跟子路侍奉在孔子身旁。"侍"，这是以前师徒制的特点，老师在哪里，学生就跟在哪里。老师不见得会针对学生特别说些什么，学生就纯粹只是跟着老师，过过生活，看看老师的所有应对，看老师处理事情，也包括看老师怎么开开玩笑、说说反话，甚至还包括如何面对南子那样有争议的女人。这些，都是学习，都是最大、也最根本的学习。

一个老师在课堂上所讲的，都是有限的且经过筛选的，未必就是他生命的实相，更不是他生命的全体。所以，以前的师徒制，一般都是学生陪侍在侧，因为只有这样才会看到老师的整体生命，这时，老师就不只是"经师"，而更是"人师"。所以，"侍"这个字非常重要。

颜回、子路侍奉一旁，孔子闲来无事，忽然起了兴头，言道，"盍各言尔志?"你们怎么不说说自己的志向呢?

事实上，孔子之后，我们就不太容易看到有哪个儒者会老跟学生提这句话。这是孔子很特殊的一点，他不时就要问问他的学生：来，说说你们的志向吧！你们将来想干吗？大家尤其对照一下孟子，个中的氛围与口吻，就完全不一样。

大家如果了解孔门弟子的性格，可以确定，这时候头一个回答的，百分之百是子路，不会是颜渊。

于是，孔子言未落定，可能刚刚那个"志"最后的下滑音都还没结束，子路就说话了，"愿车马、衣轻裘，与朋友共，敝之而无憾。"他最大的志向，就是他的宝马与貂皮大衣，与朋友共享，譬如将现代的一辆顶级好车借出，最后变成被拖车拖着回来，四个轮子还少了一个，钣金也凹了一块，可他心里面没有一点点的不爽，这叫"敝之而无憾"。

对我们来说，做到这样是有点困难的。一般人在正常情况下，都是嘴巴说"没事！没事！"可心里总是会嘀咕一下，"早知道，就不借给你了！"有这种嘀咕，就是心里"有憾"了。

一个人在这种情况下，能彻底"敝之而无憾"的，并不多见。子路所说的这种生命状态，在中国传统的典型里，并不在儒家，而是在"侠"那里。

《史记》里面的游侠，就有这种气质，也就是"侠气"。中国武侠小说的传统里，体现的就是这种"侠"的精神。

如果在诸子百家里面找，可能是墨家那种"兼爱"

更接近一些。看墨子在当时的所作所为，"摩顶放踵利天下，为之"，救人之危、急人所急，真会感受到一种侠义的精神。墨家虽然在秦汉之后看似没落了，可墨家的精神传统从古至今一直都有，尤其是在民间。

"侠"的民间传统有正、反两面，若说负面，就变成了所谓的"黑道"。可即便是黑道中人，真上了档次，也讲究个黑亦有"道"。也要有可让人佩服的人格特质，不然，又怎么能服众？单单靠手段、靠耍狠，只能混到某个级别，不太可能成为真正的"大哥"；换言之，他肯定得有某种人格魅力，有某种"德"，必须符合某种"道"才行。

如果能理解这点，就可以明白，为什么司马迁要把"游侠"写到《史记》里，也可以明白相较于后来的中国史书，为什么《史记》明显高了一个档次。

后代读书人多半不屑于这些黑道中人，可在司马迁眼里，他们的是非善恶固然可以争议，可却有其动人之处与光芒所在。能看到这点，就有着司马迁阅人观世的高度。

同样的，孔子也有这样的能耐。就这层次而言，司马迁的生命状态非常相近于孔子。孔子也会看到某些被世俗非议之人仍有其过人之处。

这个能力，按说是儒家最该有的核心处，也就是孔子所强调的"恕道"。"恕"是"如心",将心比心,穿透表象,看到人的最骨子里去。这也是最重要的"格物"。关于这点,后面我们会慢慢展开来谈。

从子路的生命形态,我们可以看到早期的孔门里,儒家与侠客可以有某种程度的接轨,换句话说,本来儒跟侠是可以交通,并非对立的。可惜,后来的儒者鲜少有子路这样的生命状态;加上儒者越来越强调纯粹性,"纯儒"越来越掌握话语权,从此,侠义的精神淡薄了,儒门的气象也变小了。

实然与应然的统一

子路之后，接着，颜回讲话了。颜回说，"愿无伐善，无施劳"。"善"，是善意，是好事，是被认可的作为。"伐"这个字，左边"人"，右边"戈"，我们说"砍伐""讨伐"，以"戈"就"人"，人会被伤到。所谓"伐善"，就是被"善"所"伐"，就是因为"善"而伤人或伤己。

"善"是桩好事，为什么又会伤人伤己呢？中国人说阴阳，"善"与"不善"不是二元对立的关系，而是阴阳的相生相克与流动互转。"伐善"就是因"善"而生出了"不善"。"好心办坏事"，这很常见；如果办了坏事，还拿自己的"好心"来开脱，说得振振有词，甚至还自觉委屈、自哀自怜，显然，这就被"善"所"伐"了。事实上，只要把自己的"善"太当一回事，大概就要出问题了。所谓"伐善"，就是对于自己所存的善念、所安的好意，不仅放在心头，还久久不能忘怀。"伐善"的前头再加个"无"字——"无伐善"，则是将对于别人种种的好、种种的善意，都能像浮云一般，过了，也就过了，完全不挂在心上。

这种生命状态就更难了。今天我们不必想得太高远，只要回头想想最日常的家庭生活，大概就明白了。譬如说，倘使我们为另一半认真做了些什么事，或者付出了些什么辛劳，对方却丝毫不领情，这时，我们不仅心里不是滋味儿，可能还会心生不平，甚至，多有恼怒。而就根本说来，早先如果没做这些事、心里没有存这个"善"，其实也不可能有后来的愤怒；恰恰因为有了这个"善"，我们又在意，才会好事变成了坏事。大家知道，当我们的生命还不够通透之时，常常会让一件件的好事"莫名其妙"地变成一件件的坏事，于是把自己弄得很难受、很沮丧。这"莫名其妙"的关键，正在于我们对人的"好意"不知不觉中已成了心里的一种执念，像个痞块似的，自己老在意曾经做了什么、付出了什么，这就是"伐善"。

颜回说"愿"无伐善，是觉得自己在某些时候还是有伐善的问题，没办法完全去除对善的执念。这一方面是他谦虚，另一方面也是他诚恳。事实上，据我们对颜回的了解，纵使他没办法做到彻底的无伐善，恐怕，也八九不离十了。同样的，依我们对子路的了解，即使他未必完全做得到"车马、衣轻裘，与朋友共，敝之而无憾"，但至少能做到个七八成，总是没问题的。换句话说，他们二人的志向，初初一看，像是风马牛不相及；可细细一想，就某个层面而言，却完全是同一回事。他们最大的心愿，无非都是把生命的"实然"与"应然"彻底绾合起来；当"实然"与"应然"能完全统一，人就是个真实的人，人就是个不撕裂的人；人能真实而不撕裂，才会有最根柢的身心安顿。

"愿无伐善"后面的这三个字——"无施劳"，历代争议很多，我倾向于跟"无伐善"并列成一组对偶的词句。"善"是被认可的作为，"劳"是付出的努力与辛苦。从这角度来解释"无施劳"，刚好跟"无伐善"形成对比。"伐善"是说做了好事，如果没人感激、没人称赞，你心里会不爽；"施劳"是很努力地付出，觉得即使没功劳，至少也该有些苦劳，可一旦这功劳与苦劳统统被忽视，甚至被一笔抹杀，心里就会有委屈，会有抱怨，会心有不甘。

这样的"伐善"与"施劳"，其实都是我们非常熟悉的心理状态，我们可能常常都是在这样的状态中。这些善啊、劳啊，本来都是好事，可一旦太在意，太当回事，就会在心里不断翻搅，澎湃汹涌，平白增添许许多多的纠结，于是就产生这样的念头：我何必对人这么好？凭什么我要做得这么辛苦？这样的状态逐渐引来一些烦恼，愈演愈烈之后，甚至会制造出某些冲突。这就是颜回所说"伐善"与"施劳"的问题。

颜回这样的"无伐善，无施劳"，明亮通透，心中无事，会让人感受到有种根柢的静气。这是颜回的生命气象。他的这种生命状态，直接跟道家相通，也与佛教相通，尤其是禅宗。

我们现在回头再看看，孔门两个大弟子，一个与侠相通，一个与禅、道毫无隔阂，这就可看出当时孔门的宏大气象。除此之外，我们还会发现一个问题：子路、颜回这里所谈的，跟我们现在常说的志向，尤其是小学生作文写的《我的志愿》之类，真是太不一样了。我们现在所说的志向，都讲得很具体，讲得很"实"，譬如要做多大的事、赚多少的钱、当多高的官。这些志向，当然都没有错；可问题是，我们生命里面的矛盾冲突与种种的不愉快，不见得是因为这些具体的东西，反而常常是因为"伐善""施劳"这种看来比较"虚"的部分。大家想想，有多少人每天就为了类似的事情牵扯不清、没完没了，然后自怨自艾：唉，上天对我不公，上辈子造了什么孽，我怎么那么倒霉？……

这就好比，当初假使你写下理想："我要当一个科学家。"好吧，等你一旦真正成了科学家，却发现生命的烦恼可能才真正开始。这也好比，当初我念高中时，一心一意想考台湾大学，后来果真被台大录取了，一开始，当然也会高兴那么一会儿，可不多久，考上台湾大学的喜悦就消失得无影无踪了。反倒是台湾大学四年，我发现我那些台湾大学同学的平均快乐水平基本都低于（甚至还低得不少）其他学校的学生。尤其某些所谓最优秀的同学，当时都已经有了抑郁症的倾向。换句话说，我们人生当然可以有，也必须有种种的具体目标，但一旦达成了这些目标，却未必就能获致内心真正的喜悦与踏实感。这压根儿是两回事。

孔门师生似乎很早就看清楚了更接近本质的这一层。所以，他们言"志"，都没谈得那么具体，而是着眼于更根柢的生命状态。今天大家关注有没有一个好工作、一间好房子，这当然重要，但孔门（乃至整个儒释道三家）都去问更后头的那个问题——假设你有个好工作、有了好房子了，然后呢？

修己安人

　　颜回讲完之后，子路接着又开口了："愿闻子之志。"老师，您呢？这时，孔子言道："老者安之，朋友信之，少者怀之。"让周遭的年长之人都能心安，让朋友之间都能相互信任，也让年少之人都能受到该有的关怀与照顾。孔子这十二字，简简单单，但多数人的内心需求，都被他说尽了。

　　在这一章里，子路、颜回所提的，基本上是"修己"的层次；至于孔子谈的，显然是"安人"的层次。儒家的学问，向来就是"修己安人"四个字，但该注意的是，孔子并非"修己"完全没问题了，才去"安人"。事实上，没有人可以把"修己"这事做到完全究竟。因此，不要把儒家的"修己安人"理解成逻辑上必然的先后关系，也不是"修己"做到百分之百了，之后才能去"安人"。假使如此，"修己"之后的"安人"，就会变成一件不可能的任务。

　　所以，"修己安人"的真正含义，是心存"安人"之念时，得先问问自己：自己安了没？不要一心一意想着"安人"，却忘了"安人"的前提是"修己"。事实上，"修己"可以是为了"安人"，也可以毫无目的；换句话说，"修己"本身，就是一个圆满。尤其在今天这个躁郁的时代，当你成为一个自在安然的人，其实就是对这个时代最大的贡献了。即使你不去刻意想着"安人"，但仅仅是一己的自在安然，就可以很自然地辐射出安人的能量了。

　　这也是为什么很多知识分子明明有着儒家的怀抱，却把自己搞到颠倒错乱的根本原因。因为他们常常本末倒置，整天想着去安别人，却不问问自己安得如何、"修己"修了多少？一旦有这样的本末倒置，生命状态能安稳才怪。

管仲之仁

接下来，谈谈刚刚所说的孔子阅人观世的能耐。我们来谈管仲。

先看一段《孟子》对管仲的评论，再对照《论语》谈管仲的章节，做个比较。《孟子·公孙丑》第一章，公孙丑问孟子，"夫子当路于齐，管仲、晏子之功，可复许乎？"如果齐国国君重用了老师，让您一展抱负，您有办法做到当年管仲、晏子的功绩吗？孟子一听，便对公孙丑言道，"子诚齐人也！"，哎，你真是个齐国人呀！"知管仲、晏子而已矣。"你就只知道管仲与晏子吗？

这当然是个讥讽。但接下来，孟子口气就"认真"了。他说，当年有人问曾西，"吾子与子路孰贤？"您跟子路相比，哪一个更贤能呀？曾西一听，惶恐不安地言道（"蹴然曰"），子路乃"吾先子之所畏也"，子路是连我的先人曾子都很敬畏的人，我怎敢与子路相提并论呢？

这个人又追问，"然则吾子与管仲孰贤？"您不敢跟子路相比，那么，管仲呢？结果，曾西"怫然不悦"，非常不爽地言道，你怎么可以拿我跟管仲相比呢？"管仲得君，如彼其专也；行乎国政，如彼其久也；功烈，如彼其卑也。尔何曾比予于是？"管仲获得齐桓公如此器重，执政又如此之久，可实际的功业却是如此微不足道，这样的人，你怎么可以拿我与他相比呢？

最后，孟子总结道，"管仲，曾西之所不为也，而子为我愿之乎？"管仲是连曾西都不屑的人，你还以为我会愿意当管仲吗？

这章很有代表性。

首先，这是孟子的标准态度；其次，这也是后世受孟子影响很深的儒者常见的姿态。这种姿态，显然不是从孟子才开始有的，至少，在曾西的时候，就很明显了。换句话说，从孔子去世之后，有一部分的主流儒家就慢慢有了这样的倾向，只不过没有孟子如此旗帜鲜明罢了。到了北宋，儒者开始标举孟子（唐以前，人们不讲"孔孟"，要么，说"周孔"，要么，就说"孔颜"），而至南宋，《孟子》更列入了"十三经"。孟子被标高之后，影响力逐渐变大，骎骎然已凌驾于孔子之上。儒者开口闭口讲"孔孟"，可在某些人身上，却有着孟子更多的影响，其实，更像是"孟孔"。

宋儒就常常有类似孟子的口吻。一谈起汉、唐，充满不屑，都觉得有啥可谈。他们只谈遥远的夏商周，可是，夏商周已经隔了那么久，谁也弄不明白究竟是怎么一回事，所以，他们开始谈一种近于想象的历史，把夏商周三代，尤其更早的尧舜，予以美化，然后转过头来，面对现实世界、面对同时代的人则是非常的不屑。往好的地方讲，这是理想主义，标举一个非常高远的理想，有着极大的努力空间，因此志向就显得伟大。可是，坏处呢？坏处是他们永远不切实际。

年轻的理想主义者，到了中晚年，常常会变成虚无主义者。他们的理想破灭之后，觉得啥意思都没有，感觉不到意义，人就虚无了。理想主义跟虚无主义，常常就是这么一体两面。当理想主义成为儒家的主流时，儒者与愤青，也就变成了一线之隔。愤青的好处是非常有理想，很有抱负；坏处是拒绝承认现实，只谈伟大的东西，在其眼里，现实的世界常常是一文不值的。也正因如此，他们非常没有现实感，与真实的世界也极度隔阂。于是，他们越活越不痛快，日益抑郁，老觉得活错了时代。中国后来有不少儒者都有这种毛病，这也是中国文化发展到后来的某种异化。这一点，是所有读书人都应该自我警惕的。从孟子之后，中国的一些读书人喜欢抱持着一个批判的态度，习惯从负面的角度去解读。如果任何事情统统用正面的角度去解读，当然不切实际；可如果动辄就从负面角度来解读，是不是也背离了事实？

讲完孟子的角度，我们再来看孔子怎么谈管仲。

> 子曰："管仲之器小哉！"或曰："管仲俭乎？"曰："管氏有三归，官事不摄，焉得俭？""然则管仲知礼乎？"曰："邦君树塞门，管氏亦树塞门。邦君为两君之好，有反坫，管氏亦有反坫。管氏而知礼，孰不知礼？"
>
> ——《论语·八佾第三》第22章
>
> （或）问管仲。曰："人也。夺伯氏骈邑三百，饭疏食，没齿无怨言。"
>
> ——《论语·宪问第十四》第10章

在前头《八佾》篇里，孔子批评管仲器小、不知礼；可到了《宪问》篇，有人问起对管仲的评价，孔子态度一改，答曰，"人也"。这"人"，可能与孔子喜欢讲的那个"仁"字相通；即便不是，显然也称许了管仲这人厉害。怎么个厉害法呢？"夺伯氏骈邑三百，饭疏食，没齿无怨言"，管仲把伯氏的三百骈邑给拿掉，等于打了只"大老虎"；"大老虎"被打之后，落魄到每天只能以很差的食物糊口，却始终没有怨言。这说明管仲手腕高明，处理这么个政治难题，都能让对方服气，确实是个厉害角色。所以孔子说管仲"人也"。

孔子喜欢谈管仲，也谈齐桓公，他还说过，"晋文公谲而不正，齐桓公正而不谲。"（《宪问第十四》第16章）但是，后来的儒家却不愿谈齐桓、晋文，也同样是因为不屑。最典型的还是孟子，"齐宣王问曰：'齐桓、晋文之事，可得闻乎？'孟子对曰：'仲尼之徒无道桓、文之事者，是以后世无传焉。臣未之闻也。'"（《孟子·梁惠王上》）孟子自居孔子之徒，不屑谈齐桓、晋文，可孔子却不时就来谈上一谈，这很有意思。

> 子路曰："桓公杀公子纠，召忽死之，管仲不死。"曰："未仁乎？"子曰："桓公九合诸侯，不以兵车，管仲之力也。如其仁！如其仁！"
>
> ——《论语·宪问第十四》第17章

从这章来看，后来儒家之瞧不起管仲，不仅早在孟子，也不仅早在曾西，更早更早，在孔子当时，就已线索明晰了。那一回，是子路质问：当年公子小白（后来的齐桓公）与公子纠争夺君位，公子纠落败被杀后，召忽自杀，为公子纠殉节；可同为公子纠手下的管仲，不仅没有殉节，反倒投靠了公子小白。这样的人，有资格称"仁"吗？子路质疑管仲的操守有问题，后来的儒者，也不断如此质疑；孟子干脆就摆出了如此姿态：这种人，有啥可谈？

但是，面对子路的强烈质疑，孔子的反应却是，"桓公九合诸侯，不以兵车，管仲之力也。"齐桓公九次大会诸侯，完全不用武力来逼迫大家与会，凭借的是啥，不就是管仲的努力吗？管仲重建国际秩序，在周天子威望已然不再之际号召了天下诸侯尊王攘夷，让各国之间免于干戈，且一致对外，这贡献太大了吧?!"如其仁！如其仁！"

同样的，孔门另一个高弟子贡也提出了质疑。

> 子贡曰："管仲非仁者与？桓公杀公子纠，不能死，又相之。"子曰："管仲相桓公，霸诸侯，一匡天下，民到于今受其赐。微管仲，吾其被发左衽矣。岂若匹夫匹妇之为谅也，自经于沟渎而莫之知也！"
>
> ——《论语·宪问第十四》第18章

子贡从政，经商又很成功，是孔门弟子中头脑极清楚、也极有现实感的一位，可是，他同样背负了儒家的某种包袱，因此批评管仲不是个仁者，"桓公杀公子纠，不能死，又相之"，没有为原来的主子牺牲，还当起了敌人的宰相，这种毫无节操之人，"管仲非仁者与?"管仲算是哪门子的仁者?

子贡是在跟孔子叫板吗?

早先子路这么质疑时，孔子的回答还不算激烈；但是，按说最有现实感的子贡也这么说时，当下就恼火了孔子，"管仲相桓公，霸诸侯，一匡天下，民到于今受其赐"。如果没有管仲，不论是北边的游牧民族，或者是南边的楚国，一旦入侵中原，不仅战争频仍、生灵涂炭，整个礼乐文明更因此会惨遭破坏，"吾其被发左衽矣"，我们大概已经就是个服装左衽、披头散发的落后民族了。直至今日，我们都还深受管仲的恩惠呢!"岂若匹夫匹妇之为谅也，自经于沟渎而莫之知也!"管仲的贡献这么大，你一点儿都不在意，却眼巴巴要他像匹夫匹妇般拘泥于小是小非，最后自杀，却没人弄明白到底他做了啥吗?!

孔子显然有些火气。他不高兴子贡这么聪明的人竟然连如此之大的关键都搞不清楚!事实上，节操问题谁都看得见，可孔子着眼的是管仲保住了整个礼乐文明、护持住了中华民族的文化根基，这样的贡献，到底有多深、有多远?没有这样的视野，反盯着一家一姓甚至只是一人的忠诚与否，如此斤斤于小节，子贡呀!子贡呀!枉费了你平日的见多识广，也枉费了那回还在季康子面前夸你通达呢!([季康子]问曰:"赐也可使从政也

与?"［子］曰："赐也达，于从政乎何有?"［《论语·雍也第六》第6章］)

事后看来，孔子发这顿脾气，显然不太管用。后来他的学生，差不多也仍是这种态度，甚至，还不如子路与子贡。尤其越到晚期那帮弟子，越是循规蹈矩，个人私德似乎都没啥好挑剔。看到他们，忍不住就要心生敬意。但是，他们的是非都太过单一，道德也太过窄隘，生命气象都普遍变小了。这是后代儒家的大问题。正因为儒家有此问题，所以孟子讲起管仲才会如此不屑。可孔子明明对管仲评价如此之高，对照那群自居孔子之徒的种种不屑，确实非常矛盾。所以我才说，尤其宋以后的儒者，虽说口口声声标榜着孔子，可实际都跟孔子距离颇大，反倒是更接近孟子；听他们说话，似乎都对，可心里却有种压迫感，总之不舒服；读久了，人容易变紧，会无法把生命打开。

我们读《论语》，不仅在于明白道理，更关键的，是观其气象。对于管仲，孔子先是批评，批评他器小、不知礼；可就大局而言，孔子觉得这个人还是非常了不起，甚至高分贝赞扬他"如其仁！如其仁!"(大家知道，孔子是极不轻易以"仁"字来称许人的) 换言之，人可以有缺点、有瑕疵，但只要最关键的点做到了，那就足够了不起了。看人有此层次区别，才不会一概而论，也不会因小失大。像孔子这样子看人，自然就有一番气象。

孔子回应子路、子贡的这两章，对我们后人特别有启发；他老人家对于大小、本末、先后的拿捏，都格外清晰。管仲在节操上到底有没有问题呢？你看孔子说了半天，答非所问似的，压根儿就没直接响应子路和子贡；他既没说管仲有问题，也没说管仲没问题，总而言之，这问题他不谈。他谈大的，谈管仲对历史的贡献，谈管仲对整个文明延续这千秋万世的大贡献。我们常说：看人要看其大；可问题是，到底怎么样才算是看其大呢？我们又常说：凡事要从大处着眼；同样的问题是，到底怎么样才算是从大处着眼呢？这两章，孔子就给我们做了最好的示范。

从这样的视角看孔子，就可以与王者相通。有这样的气象，也才能谈真正的"内圣外王"。后来儒者谈"内圣外王"，多少都有点言过其实。读《论语》，不是读那些被窄化的道德，而是大道。大道是要能养人的。孟子讲过"以善养人"，这话说得好，可他未必做得到；真能做到的，还是孔子。孔子气象大，因此有办法以善"养"人；至于孟子，则是以善"服"人，偶尔，还会以善"压"人。

总的说来，孟子还是很了不起的。只不过，读《孟子》得留意他讲的话有时太过，自诩的"浩然正气"也过于强大，像阳光刺眼得太甚，让人忍不住想躲在阴凉角落，不愿意面对他；这样的阳光虽然强烈而有力道，却终究无法养人。中国人讲中和之气，孟子是离这中和二字还有那么一点距离。

我们接着说。孔子可以与王者相通，子路也能通于侠客，至于颜回，则与佛、道毫无隔阂；师徒仨这样地吞吐开阖，原是儒家最重要也最真实的传统。后世两千多年中，这个传统并没有真正消失掉，只不过由显而隐罢了。后世仍有相当数目的儒者有着与各式人等，尤其是王者相通的大气魄。什么是王者？刘邦就是。王者立于天人之际，不能以世俗的常情来揣度。像刘邦这样的人，基本上没啥是非可言，真要说，就只有大是大非。同样的，《论语》关于管仲的讨论，也是一个王者的高度：只在意大是大非，至于其他，就不计较了。孔子很清楚，管仲当然有其瑕疵，可他保存文明的功绩，太了不起了！

从这个角度，可再做个补充：远在孔子的时代，中国人其实就不太有什么国家观念。孔子是一个鲁国人，他帮管仲讲话，并不是管仲帮了鲁国什么忙，而是管仲把北边的游牧民族和南边的楚民族的文化入侵给抵挡住了。孔子在意的，是中原礼乐文明的延续。至于国家的在与不在，并不是他最关心的。这是中国文化的特色：

文化高于民族，文明重于国家。正因如此，管仲即使没有为他的主子守节，却守护了整个中国文化；小、大之间，岂可相提并论?!

在中国人的心里，假使你移民国外，在那边把自家的文化给传承下去了，虽说换了一个国籍，其实也没啥问题。毕竟，只要文化在，一切好办；至于其他的，没那么紧要。文化的力量，可以跨越国家、跨越种族、跨越朝代。当初孔子在意的，就是这件事。当一种文化可以跨越种族、跨越宗教时，人世间大部分的激烈冲突就可以在此化除掉。当多数严重不可解的问题都可能在一个文化氛围之下化除时，这种文化的力道，在中国传统里，就叫作"王天下"。"王天下"的人，就是王者。王者不管自觉或不自觉，凭借的就是文化的力量。孔子评价管仲，就是站在这样的高度。至于子贡、子路所质疑的忠诚问题，毕竟只是一家、一姓的小节。两相比较，到底孰轻孰重、孰小孰大?

这种小、大间的问题，任何时代都有。我曾因为那本《史记》的新书去了一趟成都，记者问道："薛老师，您新书谈刘邦，那么，可以说说刘邦跟四川的渊源吗?又或者说，四川这地方对刘邦产生了什么重大影响吗?"我的回答是："没有重大影响。"真要说，刘邦当初从汉中北伐关中时，萧何在后方巴蜀帮刘邦解决了一部分后勤支持的问题。四川的影响，就是这个；可这影响，并不算太大。今天不能因为人在四川，我就说四川对刘邦的影响很大。事实上，不需要什么主题都扯到你所在的地方；这样的做法，我觉得就小气了。

一个地方或是一个人，无论再怎么不起眼，总有些自己的长处；反过来说，不论多么的了不起，也该知道自己的能力有限，别把自己想得无所不能。换言之，倘使真正有了自信，就不需要整天眼巴巴盼着别人来关注自己，更不需要成日强调自己有多重要。爱乡土当然很好，但爱乡土是不是也可以爱得更自信、更大气呢？

君子儒与小人儒

子曰:"人而无信,不知其可也。大车无輗,小车无軏,其何以行之哉?"

——《论语·为政第二》第22章

子贡问曰:"何如斯可谓之士矣?"子曰:"行己有耻,使于四方,不辱君命,可谓士矣。"曰:"敢问其次。"曰:"宗族称孝焉,乡党称弟焉。"曰:"敢问其次。"曰:"言必信,行必果,硁硁然小人哉!抑亦可以为次矣。"曰:"今之从政者何如?"子曰:"噫!斗筲之人,何足算也!"

——《论语·子路第十三》第20章

孔子的小、大之辨,我们可以再举"信"字为例。在《论语》中,"信"谈得很多。最常被提的,应该是《为政》篇里，子曰："人而无信，不知其可也，大车无輗，小车无軏，其何以行之哉？"这一章非常有名，已经变成中国人的常识，连《西游记》里的孙悟空都讲这句话。

但是，我们再看《子路》篇，"子贡问曰：'何如斯可谓之士矣？'"怎么样才算得上是一个士呢？孔子说："行己有耻，使于四方，不辱君命，可谓士矣。"有担当、有底线，衔命而出，该完成的任务都完成得了，这才算得上是个"士"。

如果再详细讲，所谓的"士"，原来是贵族的一个阶层，也就是实际治理国家的公务员，到了后代，逐渐把"士"视为读书人的代名词。这里子贡所说的，不是贵族的那个"士"，也不是指读书人的"士"，而是把这两者的某种意涵结合起来。换言之，"士"是一个对于文化、历史与现实政治，都有着相当责任与担当的人；同时，他还必须是对生命有所追寻、对最根本的历史规律与天地间的自然法则有所体悟的人。这种有志于"道"的人，就叫作"士"（"士志于道"）。

孔子首先回答："行己有耻，使于四方，不辱君命，可谓士矣。"所谓"行己有耻"，就是立身行事有底线，是非明确，有所为，有所不为，尺度非常清晰，这叫"行己有耻"。在这基础上，出使四方，办理外交，最后还能够完成君命。大家知道，办理外交要完成任务，必定要有手腕、要有非常多的妥协与折冲。在妥协与折冲的过程中，其实是很难不牺牲某些原则的。倘使能把事情办好，还能够行己有耻，那肯定是一等一的高手了。

作为一个资深的外交高手，子贡可能比谁都更能体会做到"可谓士矣"到底有多难。因此，他只好接着问道："敢问其次。"老师，降低一些标准吧！怎么样才能算是个"士"呢？孔子于是接着说"宗族称孝焉，乡党称弟焉"，好吧！如果做不到前面所说的，但能在宗族里被称许为"孝"，在邻里乡党中被认可为"弟"（同"悌"），这种人也可以算得上是一个士。

子贡一听，这貌似简单，实则也不容易呀！"乡党称弟焉"且不说，试问咱们自己，有几人能在宗族里都让人称赞是个孝子、面对"宗族称孝焉"这一句话能够不心生惭愧呢？

所以，子贡只好再一次问道："敢问其次。"这一回，孔子的答案猛的看来，很是出人意表："言必信，行必果，硁硁然小人哉！抑亦可以为次矣。"一个人如果说话必定算话，做事也一定做到底，孔子说，这种人就是僵硬、顽固如石头一般的"小人"！可虽说是"小人"，但"抑亦可以为次矣"，也还可算是个"士"！

初初一看，这话费解。正因如此，历来关于这一小段的注释都说得很绕，总想帮孔子"开脱"。其实没必要。

首先，这里所谓的"小人"，肯定不是就"位"而言、指那些被统治的小民。其次，这也不是我们一般所说的卑鄙之人。毕竟，能做得到"言必信、行必果"，这种人绝对不卑鄙，而且离卑鄙离得最天遥地远。孔子此处所说的"小人"，是指器量小、过于固化的人。这种人虽然很认真、很负责，但是，正因为被这一个"必"字给挟持、凡事都非得如何不可，于是，生命失去了该有的柔软与弹性，格局就小了。这种器量小、格局小的人，就是孔子所谓的"硁硁然小人哉！"。可尽管如此，"言必信，行必果"的人终究还是些好人，只可惜没能力通权达变，无法从容出入于是非之间，因此气象不够大、档次不够高罢了！其实他们都还是可以的，也算得上是个"士"。

孔子这段话，后来孟子引申得更清楚："大人者，言不必信，行不必果，惟义所在。"孟子这话说得大气，也非常斩钉截铁。只不过，孟子说得太清楚，就缺少了一些孔子启人疑窦的耐人寻味。

孔子在前头讲"人而无信，不知其可"，现在又告诉你"言不必信，行不必果"，从字面、逻辑来看，这似乎是矛盾的。但是，中国的学问就是这么活泼泼的；同样一句话，就是得看在什么样的情况下来说的。孔子的意思是，在有些关键的时候，你是可以不必信、不必果的。

也就是说，你在关键的时候可以不必管是非，只要守得住大是大非就好；其他的，无关紧要。人家要非议，就非议呗！别人要骂，就骂呗！历来成大事的人，一定要不拘小节，声誉也不必太好，管仲就是最好的例子。如果用民意表决，让孔门这一群士大夫的代表、所谓精英中的精英来给管仲投票，结果可能会是一面倒。毕竟，连子路、子贡都非议他，曾子以下这群人就更不必说了；表决了半天，恐怕除了孔子支持管仲一票之外，还会认可管仲的，肯定就寥寥可数了。

孔子说，一个人如果"言必信，行必果"，过度执着于"信"与"果"，最后，就会顽固僵硬得像块石头一样。这种执着，恰恰就是许多儒者的通病。儒者是非观念清晰，因此稍不留意，就会变成执着。后来孔子就警告他的弟子子夏，"汝为君子儒，无为小人儒"，要当个君子儒，别成了小人儒。后代的儒者当然不乏大人气象的君子儒，可更多的，依然是"硁硁然小人哉"的小人儒，气魄不大，气象也小。平时满嘴仁义道德，动辄将所谓"气节"无限上纲，最后却总是"书生误国"。承平时代，这些儒者可以守成，但在危急时刻，他们就缺乏气象去开创格局。

而事实上，孔子谈"言不必信，行不必果"，并非只是空口说说而已，而是当真"身体力行"的：

> 阳货欲见孔子，孔子不见，归孔子豚。孔子时其亡也，而往拜之。遇诸涂。谓孔子曰："来！予与尔言。"曰："怀其宝而迷其邦，可谓仁乎?"曰："不可。""好从事而亟失时，可谓知乎?"曰："不可。""日月逝矣，岁不我与。"孔子曰："诺，吾将仕矣。"

——《论语·阳货第十七》第1章

阳货这个人不是什么好人，后来还想造反；可问题是，他一直很看重孔子，希望孔子能为其所用。有一回，他想找孔子，但孔子不愿见他，于是，阳货就想出了一个方法，送给孔子一只乳猪，按礼仪，别人送礼物来，你就必须得回拜，向人家回谢。孔子也很"奸诈"，他就"时其亡也，而往拜之"，故意趁着阳货不在家才去回拜，结果呢，"遇诸涂"，在路上竟然就被阳货"逮"到了。

大家不妨想象一下，当时孔子脸上会是什么表情啊?! 这时，阳货就严肃地对孔子说，"怀其宝而迷其邦，可谓仁乎?"你这个人那么有才华，结果让你的国家这样子迷失路途、不知如何发展，你这样算得上仁吗? 孔子"只好"乖乖地说："不可。"阳货再问，"好从事而亟失时，可谓知乎?"你很想一展抱负，可是每每错过了时机，你这样算得上有智慧吗? 孔子又"卖乖"地说："不可。"最后，阳货"教训"孔子，"日月逝矣，岁不我与"。时间飞逝而过，时不我与，你还不赶紧出仕吗？孔子就说："诺，吾将仕矣。"好，我要出来当官了。

可问题是，孔子后来根本没出仕，这是最典型的"说话不算话"。

这一章能够在《论语》中保存下来，是非常珍贵的。我喜欢读到这样的孔子。除这种"说话不算话"之外，我也很喜欢看孔子说话不太老实的时候、"吃瘪"的时候、被子路"吐槽"的时候。在这种地方，我们才能看到所谓的"圣人气象"。我们会看到他的生命有很多状况，有很多不如意，有很多吃不开的时候；在这种时候，才能看到一个圣人真正的分量。如果圣人从一出生，就是上至王公贵族、下至凡夫俗子，每个人都对他服服帖帖，好像坐在大雄宝殿上，接受每个人的膜拜，那就不是人，而是神。孔子的分量，就在于他面对每一个情境的真实与鲜活。他那么坚持"朋友有信"，可到了关键时刻，却能长于权变，果断地"说话不算话"。

孔子这样的生命状态，才可能内圣外王，也才不会落入朱熹等后儒的格局。朱熹讲过一段话，大意是，自三代之后，文武之道从来没有一天实行过。这是儒者的典型心态，他们总觉得这个世界是丑陋的、是污秽的，好像佛教所说的"五浊恶世"，所以就标举一个遥不可及的理想。可是，当理想越伟大，自然就觉得现实世界越丑陋；换言之，越是执着于一种理想的形态，就越无法如实地、心平气和地来看这个世界，到头来，生命状态当然就会越来越颠倒。

2012年我去北京，应邀到读经教育高端培训班讲座；讲座前，所有人起立行礼。我觉得很好，便跟着他们向孔子画像行了礼；可再下来的环节，我就遇到"麻烦"了。但见他们行完了大礼，司仪高喊口号时，我就没办法跟大家一块儿喊下去了。面对"高大上"的话语，我一直持保留态度。有些话当然说得很好，可问题就是说得太好、太伟大了，伟大到我们根本做不到、够不着。我们每天标榜这样的理想，刚开始当然会有一些鼓舞的力量，但等时间久了，常常就反过来变成生命颠倒的根源。

可在孔子的身上，看不到这种颠倒，看不到这种"高大上"，会觉得他是一个有现实感的人。他有原则，该守的时候守；可必要时，他也能该丢就丢。

孔子有一次要去卫国，途经蒲邑，被当地人拦住不让走，对方的理由是担心孔子会协助卫国对付蒲邑。后来谈判了很久，对方决定放他一马，唯一条件，就是孔子绝不可前往卫国。孔子立刻答应，"好，我不去"。结果，对方一放他走，孔子就头也不回地直奔卫国而去。子贡不无困惑，便问道，"盟约可以如此弃而不守吗？"孔子答得可真干脆，"如此要挟所订的盟约，是连神明也完全不理会的！"而后，到了卫国，卫灵公亲自到城外迎接，劈头第一个问题，"蒲可伐乎?"孔子的答复，一个字，"可！"

这个故事非常有代表性。看得出孔子的出入自在与活泼大气。可后代的儒者就很难接受这种故事。到了明清时代，理学大盛，甚至有考证家说这段叙述是后人伪造的；他们认为，这种故事是存心诬蔑孔子。这当然是后来儒家的僵化，因此心量、气度都变小了。也正因如此，他们读了孔子这段话，会觉得不对劲，会批注得很绕，想帮孔子"开脱"。所以今天我们读《论语》，就得暂时放下那些儒者的缠绕，直接与孔子接通。

"经"与"权"

　　对话到这儿，"聪明"的子贡终于亮出了底牌；他真正在意的，可能不是前头所问的，而是后面这一句——"今之从政者何如?"面对这么一问，孔子的答案可是一点儿都不温良恭俭让，反倒是有点尖锐："噫! 斗筲之人（'噫'是语气词；'斗'跟'筲'都是容器，容量都不大），何足算也!"这些人气量都太小了，咱们就不说他们了吧!

　　加上最后这个感叹，我们将四小段合并来看，会看得更清晰一些。首先，"行己有耻"是大根大本，是"经"；而"使于四方，不辱君命"，必定得行"权"，做外交要有手腕，懂得虚实之辨。毕竟，铁板一块的人不可能干得了外交。所以孔子一开始就说"行己有耻"，这是根本与底线。然后在这个前提之下，又有办法"使于四方，不辱君命"，"经"和"权"能拿捏平衡，这种人才算得上第一等的"士"。

至于"言必信、行必果"之所以是第三个档次，是因为这种人看似正直，但毕竟只有"经"，没有"权"。所谓"硁硁然小人哉"，并不是坏，只是不够好。这点大家不要误解，别因此下定决心：以后要"言不信，行不果"，那就麻烦了！总而言之，这个"度"得拿捏好，不能落于一端。

读《论语》，会发现孔子的语言充满了这种两面性。常常刚提了一点，马上又提貌似矛盾的另一点；说到底，就是担心我们落于一端。后来儒者之所以出问题，就是因为他们容易执于一端。越是落于一端，常常责任感就越强，偏执却也越彻底，随之而来的，可能破坏性也越大。

从这个角度来看，孔门最后由曾子、子夏这些人取得了话语权，其实是有某种必然性的。因为，这种人特别有热忱，特别有使命感，因此就特别容易成为"传道人"。当然，人可以有使命感，但不能整天把使命感挂在嘴边。事实上，所有伟大的东西，包括"仁义礼智信"都一样，谈多了，就变成说教，变成以善服人、以善压人，最后更极端的，叫"礼教杀人"。

这是我们读《论语》的时候要特别留意的。《论语》里面其实分成两个部分，一部分是"法言"（"法语之言"），就是"经"的部分，大根大本，没有什么好争论的，也不必做太多的发挥。另一部分，则是"巽言"（"巽与之言"），也就是"权"的部分。《论语》里面孔子常常提醒学生必须平衡种种的过与不及，"经""权"一直灵活交错着，这正是孔子跟后世儒者最大的差异，也是孔子之所以比较有气象、之所以可以跟王者相通的一个关键处。

关于经与权的问题，具体要如何把握呢？

我认为可以先从语言把握起。

前面说，语言可分成法语之言和巽与之言。法语之言好像法律一样，一条一条很清楚、很明白，这就是经。《论语》里有很多这种语言，都是百世不易的道理。另外一种叫巽与之言，《易经》有"巽"卦，巽是风，风一般的语言，无迹可寻；可有时春风拂过，自然就有化育之功。这种巽与之言或是拐弯抹角、或是正言若反，或假话、或反话，都有可能。这些不直接、貌似不清晰的语言背后，通常有个更深刻的东西，得细心玩味、反复推敲，不能只停留在字面的意思。

平常我们教小孩，语言就要保持这种丰富性。不能只有法语之言，否则，小孩子就容易被教傻，也不能只有巽与之言，否则，小孩子也会被教"油"了。

所以，这两种语言要交错着用，小孩子习惯两种语言自由切换之后，会慢慢拿捏经跟权怎么去掌握；这些东西得慢慢培养，慢慢锻炼。像我平常在家，常常胡说八道，薛朴的反应就是："爸爸又在乱说话。"至于他大姐，因为"修养"比较好，就说："爸爸好风趣哦。"可是遇到重要的事，我认真讲句话，他们肯定不会以为是"爸爸乱说话"；面对不同情况，他们是可以分辨的。

这种交叉运用，一向是中国人的语言习惯。中国人是该正经就正经，该戏谑就戏谑；外表上随随便便，可里头藏着机锋，也藏着一种骨子里的极其认真与毫不苟且。别人不太容易像中国人把语言的出入玩到那么灵活、那么存乎一心。

当然，在那种纯儒的家庭或是原旨主义的读经学堂里，问题就比较严重。他们只知"经"，不知"权"；只有法语之言，没有巽与之言。教出来的小孩，很容易就产生两种后遗症：一是教傻了，二是变虚伪了，外表上看起来很规矩，可肚子里却一堆叛逆的想法。上次一家媒体对读经学堂的报道，即使有某些以偏概全的问题，但还是很有参考价值的。

简易法门有副作用

有位读者问过我一个很现实的问题。他觉得现在整个大陆都是国学热，当用这一套东西来教小孩时，小孩走到社会上，会不会变得格格不入？

我的回答是，今天学习国学，如果真把中国文化给吃透、化到生命里，不可能跟当代社会格格不入，反而会更自在。因为，你很容易了解别人，很容易体会人家的心情，毕竟，大家都是同一个文化基因，人同此心，心同此理嘛！甚至连人家怎么算计你，你也能看得清楚明白，"危邦不入，乱邦不居"，该闪就闪，该避也会避。所以按理说，你越深入真正的中国文化，在当代社会就可能过得越安然，但现实中，许多人并非如此。原因就在于，他们某些地方不仅搞偏了，还讲得太极端。这当然会出问题。所以，我提醒这位提问者，我们要把小孩教好，但千万不要把小孩教傻。你当然要教他说话算话，可你也要让孩子知道，有些时候说话是可以不必算话的。

事实上，因为宋明理学的包袱，很多对传统文化有情感的人，确实把小孩给教傻了。除了教傻之外，某些国学堂教出来的小孩，则会有过于高傲的问题，因为，他能把几十万字的经典倒背如流，一点不磕巴地一口气背完。这样子学传统文化，我是有一点保留的。

"读经运动"倡导者王财贵先生这些年推广的读经教育，对于传统文化的复兴，实在是功德无量。王先生所提供的，是一个非常简易的法门，就是"只管读经"。从历史来看，所有过于简易的法门，好处是很快可以达到效果，坏处就是很容易产生副作用。这种简易法门，学习者内部的凝聚力都很强大，但同时也可能产生很巨大的排斥力量。换言之，你不太能质疑他，也不太能批评他。王财贵先生本人没这种问题，但他底下有不少弟子，的确有这种问题，容不下批评，总急着摆出"反击"和"捍卫"的姿态。除此之外，他们身上还很容易看到宋明理学家继承孟子的那种高姿态。

这样的高姿态，再加上某些国学堂的小朋友对于经典的倒背如流，就不知不觉地流露出傲慢，开始目空一切。这时候，如果没有好的老师在旁边把关和点拨，很容易变得偏激，也很容易完全活在一个概念的世界，对现实世界就会变得如这位读者所说的格格不入。

所以，读经是件好事，但方法如果不得当，副作用也很强。相较于读经圈深受《孟子》的影响，我觉得读读《史记》倒是比较不容易产生副作用。司马迁没有排他性，没有洁癖，《史记》里面什么样的人都有，即使对刘邦那种"无赖"，他都可以写得如此动人。如果连刘邦都可以看出其动人之处，世界上还有什么人不能被你欣赏的？当我们把眼界提到像孔子、司马迁这样的高度，能看到每个人的闪闪发光之处时，对于这个世界就会有更多的期许，就会有更多的可能性，也不会有那么多的愤怒。

　　接触传统文化，最怕误入两个极端。要么，全盘否定，要么，就是古人完全不可批评。在这两个极端里，人多半做不好事，也不容易活得安然。活得安然，就是所谓的"内圣"；能做好事情，就是所谓的"外王"。这两件事本息息相关，二而一、一而二。在中国人的思维里，外面的事情与你内心世界的安稳，绝对不是不相干的。不可能像一些知识分子所说的，一个是私领域，一个是公领域，两者不能硬扯在一起。在中国，所有的事物都必然相互有所关联。且不说什么公领域与私领域，连你在那里打坐，都是在连接人身这个小宇宙和天地这个大宇宙。在中国人的世界观里，微观的内在世界与宏大的外部世界，必然有一定程度的对应关系，绝对不是截然划分的，这是中国人最根柢的思维。

一旦回归到这样的思维，我们面对事情就可以少掉许多不必要的纠结。循此思路，对跟错，是跟非，除了外表上的对立，就可以有更高的统合与联系。如此一来，"经"与"权"就可能掌握得较好。因此，我们教小孩，当然要有规矩，但不要把这些规矩给绝对化，不要把小孩给教傻。同样的道理，家里的小孩偶尔顶顶嘴也不太要紧，偶尔烦你一下也无妨。当过中小学老师的人可能都有一个经验：通常毕业以后对你最好的，不是学校里那些优秀的学霸，而是那些跟你唱反调、惹你生气的学生。在真实世界里，任何东西都是有起有落、有顺有逆，正反之间，其实随时都在变动。所以，我们一方面要抓住大根大本，但抓住之后，更要学会放手，这才是更大的学问。

　　因此，儒家永远都应该开放，跟王者、佛道、民间都要多流通，儒家才有源头活水，才有办法把所谓的理想落实。说到底，没有所谓的理想不理想，只要没现实感、不具操作性的"理想"，其实都只是迂腐儒生们的"颠倒梦想"。很多东西，不要老去想一个所谓的"理想形态"，就像"理想中的另一半"，另一半哪有什么理想不理想？越多理想，只会让你越看对方越不顺眼。夫妻一场，今天倘使对方变得不可爱，固然有部分原因在于对方，但我们是不是也得承认：有一部分其实也是自身的原因？

　　如果我们有这份虚心与诚恳，许多事情的形势就可能好转。就这点而言，天下国家与家庭是同一个道理。《大学》讲齐家、治国、平天下，都归结到修身；所谓修身，横说竖说，其实就是这份虚心与诚恳。

真实世界的反省

曾子曰："吾日三省吾身，为人谋而不忠乎？与
朋友交而不信乎？传不习乎？"

——《论语·学而第一》第4章

讲完子贡与孔子那段对话，我们会面临一个问题：
早期的颜回、子路、子贡这些弟子是如此的四通八达，
为什么晚期的孔门弟子气象会变得比较窄隘呢？

一个原因，晚期的弟子跟孔子年纪差距太大，这些
弟子跟孔子都差了四十岁以上。四十岁，古代等于是差
了两辈；当他们位列孔子门人之时，他们的老师早已名
满天下，所以他们太习惯仰着头看孔子；一旦老仰着头
看，若用佛教的话来讲，就会把孔子"高推圣境"，把孔
子所有的所作所为都作"胜义解"，不仅合理化，而且还
会伟大化、神圣化、无限化。

孔子作为一个活生生的人，即使到了晚年，也仍然有相当程度的有限性。再怎么说，都不应该把他无限化。可是当晚期的弟子与孔子的年龄整整差了两辈之后，在情感上，就很容易把他无限化。

另外一个原因，可能在于他晚期这些弟子后来多半都当老师。说实话，老师的世界，是个相对单纯的世界，视野容易受局限，比较不像走江湖的人那么通达。子贡是走江湖的人，有江湖之气；至于孔子，更是一个"老江湖"（这儿的"江湖"指的是开阔吞吐）。这一份江湖之气，后来在晚期弟子身上比较看不到。所以，现在当老师的人都应该经常警惕自己，不要让自己的圈子越来越小，要想办法让自己跟各式各样的人打打交道，让你好像大江大海般啥东西都可以汇入生命里。

后来这些弟子里，最有代表性的是曾子。《论语》中除了孔子外，话被记录最多的，就是曾子。曾子在历史上的影响，比表面上要大得多。曾子有曾子的好处，譬如生命的那种厚重感、庄严感，在他身上，就展现得特别淋漓尽致。曾子最有名的一段话："吾日三省吾身，为人谋而不忠乎？与朋友交而不信乎？传不习乎？"一个人会这样子讲话，必定是个很认真、很诚恳的人；这样的认真与诚恳，当然是很了不起的优点。

但是，我们在真实的世界中，却不会是这么反省的。

曾子这种反省方式，凭良心讲，一来是形式化，二来则有点僵化。正常情况下，我们的反省是才做错了事、说错了话，甚至只是闪过了不对的念头，自己就意识到了。厉害的高手，则是那个贪念或者嗔念一闪而过，当下就照见了。比较普通的，可能在不多久，或在晚上睡觉前，突然浮出来，心里反省一下。比较差的，可能隔了几天，副作用发生了，才突然警醒自己出了问题，该好好反省一下。真正的反省是这样的，心里好像有面镜子，永远在照着自己，而不是固定用三件事情来问问自己。

事实上，我们真正会犯的错，哪里只是"为人谋而不忠乎""与朋友交而不信乎""传不习乎"这么三件事？我们更常犯的错，可能就是很一般，也很细微的，譬如，今天谁批评了我一句，然后我耿耿于怀，好几天心里都不舒服，看这个人怎么都不顺眼……类似这样的烦恼，我们经常会有；真要反省，就得从这些烦恼反省起。

举重若轻

曾子曰："慎终追远，民德归厚矣。"

——《论语·学而第一》第9章

"慎终追远，民德归厚矣"，这一句话就是典型的"经"；大根大本，没什么好质疑，也不必多讨论。曾子讲这种话，特别合适；因为他有这种分量，有这种厚度。曾子的可敬之处就是在于这种厚重。我们虽然未必那么喜欢跟他在一起，可见了他，肯定还是要心生敬意的。

曾子有疾，召门弟子曰："启予足！启予手！《诗》云：'战战兢兢，如临深渊，如履薄冰。'而今而后，吾知免夫！小子！"

——《论语·泰伯第八》第3章

《泰伯》篇的第三章，让我们看到一个最典型的曾子。我估计除了曾子之外，不太有人说得出这样的话了。曾子重病，把门人弟子都给找来，说道，把我的手打开吧！把我的脚也伸展一下吧！让我感觉一下自己的身体发肤是不是都还完好如初?！从今往后，我知道我可以不必再战战兢兢，也不必再临深履薄了！

这一段看了，让人蛮感动的。一个人活得这么认真，往好的地方说，那真是庄严。可是从另外一个角度看，我们也可能会觉得好累啊！这是一体两面。曾子的好处，就是把我们这个文化里最庄严的一部分给继承了下来。任何一种文化，一定要有厚重与庄严的一面。这是无论如何都不能取消掉的。一旦取消掉，这个文化就会倒塌掉。可除了这厚重与庄严之外，还必定要让人可以呼吸与吞吐；如果老是都这么厚重，会让人喘不过气来的。这就是为什么儒一定要跟道互补，就像阳跟阴一定要调和一样。

曾子曰："士不可以不弘毅，任重而道远。仁以为己任，不亦重乎？死而后已，不亦远乎？"

——《论语·泰伯第八》第7章

第七章也很经典，非常有名。这样子的任重而道远，让我们看到一个儒者无比庄严的担当，可问题是，如果太过，会不会把自己压得喘不过气来?! 会不会造成别人的压迫感?! 会不会因为太多的担当，让自己患得患失、得失心太重，反而做不成事?! 这都是事情的一阴一阳，也都是我们要常常自我观照的。

我常常提醒认真的"好"老师说:"不要让你的认真、你的'好'变成社会的乱源!"这些老师常常都过度紧绷，都想把学生改造成自己心目中的理想状态。这种老师的"祸害"程度，完全不亚于那种望子成龙、望女成凤的家长。一不小心，这种家长就会变成子女一生中最大的梦魇。他们当然是求好心切，但再怎么求好，一旦心切，副作用就出来了。真要求好，就不能心切，就只能若有似无地求，要像颜回那种心中无事的状态。最大的关心，是看起来不太关心。在这样的情况之下，你的认真与"好"，才能养人。

所以，曾子的严肃与厚重不是不好，而是需要有另外一个东西来调和，才不会让严肃变紧绷、厚重变沉重。中国文化最有分量的东西，都是阴阳调和、举重若轻的。当你能举重若轻时，才有办法承担最重的东西。

中国文化里的轻与重、开与阖、发散与凝练，都一定要有个平衡。过度的紧绷与沉重，譬如东汉的标榜名教，一反弹，产生了魏晋的放浪形骸，就又过了头。又譬如宋明理学的过度压抑，导致了对传统文化的矫枉过正，进而把传统文化整个否定掉，那都是落于两端。

所以，今天我们看待曾子这样的生命形态，必须要能做到"爱而知其恶，恶而知其美"。你喜欢他，仍得知道他有他的问题；你不喜欢他，也还是要看到他有动人之处。这样的态度，才是我们读书该有的态度。有这样的态度，不管他是好或是不好，到头来，我们都可以从中受益。

儒与黄老的平衡

儒者之所以常常疏隔于王者、疏隔于道家，是因为他们有种大头病，老觉得儒家是中国文化的最正宗、最核心，对于别人，就常常有种不屑。这样的最核心说法，并不一定是事实。事实上，更能代表中国文化最核心的东西，可能是黄老。张良是黄老，曹操是黄老，孔明也是黄老。一般中国人对他们都有兴趣，尤其民间的戏曲、说书，一直是唱个不停、讲个没完。大家为什么对这种黄老的生命形态忒感兴趣呢？不正因为那是我们生命的最核心吗？

说黄老是整个中国文化的最核心，还有另一个论据。大家知道，任何一种文化最根柢的核心，其实就是异文化最学不来的；只要异文化学得来的，就意味着其实不是最特质的。而黄老之道，正是即使最善于学习的日本人都学不来的。

很多中国人都说，日本人所有的好东西，都是从中国学过去的。那当然是中国人的大头病，事实绝非如此。大家去日本看看，就会发现，日本与中国固然有相似之处，可真论根本，却是太不一样了。他们确实是学了中国的东西，但肯定会进行转化，转化之后，又都是日本特色了。只要是深具日本文化的特质，比如日本的能剧，反而是我们中国人都很难掌握、真要学也未必学习得了的。同样的道理，中国文化最核心的黄老，日本也学不来。

日本人从魏晋南北朝起一直在学中国，其中，唐代是个高峰，后来南宋又是一个高峰，在这将近一千年里，日本人巴不得把中国能搬的全都搬过去。可直至如今，日本人谈中国的东西，喜欢谈儒家、谈佛教（日本佛教的某些发展甚至比目前的中国更好），可儒释道三家之中，他们却几乎不谈黄老。因为，学不来。日本那种认真到执着、执着到产生了美感的民族性格，只要看日本的产品可以做得那么细心、那么美，没有半点粗枝大叶，就可清楚感受得到。这是他们的好处，可是，他们的坏处就是执着太过，太计较细节，最后会把自己给困住。

我有一个美国人朋友，曾在日本京都住过两年。刚去日本时，他在公共场合常常会被人家瞪几眼。因为他拿塑料袋时会发出窸窸窣窣的声音，旁边的日本人就觉得受不了。大家知道，日本人自律，是个所谓"耻感"的民族。结果，他在京都待了两年之后，有一天，电车上遇到有人也带着塑料袋发出点声音，他突然发现，他也会心生不悦，也会对人家皱眉了，当下，就决定必须离开日本了。他发现自己也被日本人那种对细节的敏感、执着给感染了。

正因为这种执着，所以日本人学不来黄老那种虚虚实实、不黏不滞、似随便却不随便、似认真却又不费劲的生命状态，尤其必要时可以一切抛开，像刘邦那样光溜溜的豁达，日本人是怎么样都够不着的。

中国民间的根柢是黄老，民间很多人都有那种随随便便的劲儿，对很多东西满不在乎，不当回事。黄老的好处就是可以啥东西都不在乎，可在关键时候，却能抓住最核心的东西。平常越是柔若无骨、吊儿郎当的人，真正要使劲的时候，力气常常比谁都大，太极拳不是同样的道理吗？用毛巾抽人不也是同样的道理吗？

这就是整个中国文明的特色。儒一定要与黄老相互调和，一阴一阳，才能形成一个动态平衡。

因材施教

　　子贡问："师与商也孰贤？"子曰："师也过，商也不及。"曰："然则师愈与？"子曰："过犹不及。"

　　　　　　　　　　——《论语·先进第十一》第16章

　　"师"是子张，一个相貌堂堂、说话口气很大的人。"商"是子夏，一个拘谨保守、气量稍嫌窄隘之人（上回被孔子告诫"无为小人儒"的就是他）。孔子说，子张的毛病是有时太过，子夏则是气量不足。子贡问，这么说来，是不是子张比较好一点？孔子回答，"过犹不及"，过跟不及是同一回事，都不对。

　　那么，怎样才是对的呢？答案是："中。""中"很容易被误解成A加B除以二、凡事取其平均的意思。这当然是个误解。所谓"中"，有两个意思：一是念第四声的"中"，命中要害的意思；二是平衡的意思，"中"就是达到一个动态的平衡之道。

《论语》的语言常常让人觉得不容易掌握，孔子今天讲这，明天又讲那，前后矛盾冲突，似乎没有一种客观的准确与清晰。但是，《论语》的好处也恰恰就在这里：时时刻刻都必须有所调整，所有的话都要讲究个动态平衡。这个动态平衡，就是"中"。大家懂了这个动态平衡之后，就会读到《论语》很多有意思的地方。表面上看来莫名其妙，实际上却是活泼泼，充满了生机。

譬如下面这章：

子路问："闻斯行诸？"子曰："有父兄在，如之何其闻斯行之？"冉有问："闻斯行诸？"子曰："闻斯行之。"公西华曰："由也问'闻斯行诸'，子曰，'有父兄在'；求也问'闻斯行诸'，子曰，'闻斯行之'。赤也惑，敢问。"子曰："求也退，故进之；由也兼人，故退之。"

——《论语·先进第十一》第22章

子路问孔子：听到一个正确的道理，就要马上去做吗？孔子说，不可，有你老爸、老哥在，怎么可以不问问父兄的意见、听到就去做呢？不多久，冉求又问了一模一样的问题，结果，孔子的回答是，"闻斯行之"，听到就赶快去做，少废话！公西华一旁看得满头雾水，"赤也惑"，敢问到底是怎么一回事？孔子答曰："求也退，故进之；由也兼人，故退之。"因为子路和冉求的生命状态大不相同，所给的答案自然也不一样。

我们先谈冉求。孔子曾评价冉求，"求也，艺"。冉求多才多艺，很有能力，曾经在孔子周游列国的某段时间担任过孔子在鲁国的"代理人"。话说当年孔子之所以离开鲁国、周游列国十几年，是因为鲁国掌权的大夫季桓子对他有所顾忌；季桓子到了最晚年，临去世前，却特别交代儿子季康子将来执政一定要把孔子请回来。这很有意思。为什么季桓子自己不去请呢？显然，由他儿子来请，就没有面子的问题；可他自己请，就有点自打嘴巴，面子上会挂不住。再说，这也牵涉孔子的感受。当初季桓子"撵"他，现在季桓子又派人请他，这算啥跟啥呢？所以，季桓子顾虑彼此的面子，最后就把这事交给了儿子。季康子掌政之后，本来也打算遵守父命，请孔子回鲁，可后来跟幕僚开会，全盘了解状态之后，想了想，还是作罢。为什么？因为孔子太大、太成气候，总之，孔子很难用。

要重用一个大才，其实没那么容易，通常就两个可能：一，你是更大的才，至少，心量要很大，像刘邦；二，承认自己没有能力，愿意听别人的，甚至肯照单全收，譬如刘备的儿子阿斗，老爸要他听诸葛亮的，他就完全照办。说实话，遇到阿斗这种君主，诸葛亮貌似倒霉，其实是一种幸运。大家想想，历朝历代有几个臣子能遇到君主肯全面放手的机遇？

古来才大难为用，这是必然的。如果你是个不世出的大才，却没办法做些心态的调整，其实，摆在哪儿，都不对劲；孔子越到后来，就越有这样的尴尬。年轻的季康子初初掌权，要面对一个辈分那么高、气象这么大的"属下"，你想，季康子该如何是好？一旦用了孔子，哪天有啥事配合不上、看不顺眼，连想说他几句，可能都得犹豫半天、踌躇再三；换成你，是用还是不用？

所以，季康子考虑了半天，决定还是不请孔子回来。但是，他又想借助孔子的能耐，那怎么办？于是，就找了一个替身：冉求。

冉求被召回鲁国，孔子的心里其实是有一点激动的；冉求等于先帮他试试水温，或许，将来他也有可能再回鲁国。因此，孔子对冉求寄予了厚望，而冉求也清楚，他得帮老师铺铺路。回鲁国之后，冉求打了场漂亮的胜仗，季康子很高兴，问道，"子之于军旅，学之乎？性之乎？"你这么会打仗，是有人教的呢，还是天赋呢？冉求特别回答说，"学之于孔子！"

但在《卫灵公》篇的第一章，"卫灵公问陈（行军打仗之事）于孔子"，孔子却"睁眼说瞎话"："俎豆之事，则尝闻之矣；军旅之事，未之学也！"礼乐之事，我确实知道些；可军旅之事，却没学过，您就别问我了。其实，当时的士都是文武双全，文士也是武士，孔子尤其如此。孔子会打仗，军旅之事他很清楚，冉求的话就是明证。但他不想跟卫灵公谈这些，于是就瞎说一通。你看，咱们又"逮"到孔子"言不必信，行不必果"的证据了。

回头再说冉求。冉求有才华、有能力，但他有个大问题：在关键的时刻，他会动摇，会抛弃底线。所以，冉求在《论语》里是个极特殊的角色——他是被孔子斥责得最彻底的一个人。他后来帮季氏聚敛钱财，搜刮百姓，孔子非常愤怒，公开跟学生说，冉求"非吾徒也"，这人不是我的学生，"小子鸣鼓而攻之，可也"，大家可以去攻打他。等于是将其踢出师门、划清界限，这话说得极重。所以，每次我去孔庙看到冉求的牌位排得那么靠前时，都在想，若是孔夫子地下有知，又该作何感想？

在孔子心里，对冉求真是既爱又恨。他有才情，有能力，可在某些节骨眼儿，大根大本却会守不住。换句话说，他是个优柔寡断之人，是个会动摇之人。所以，他问孔子，"闻斯行诸？"孔子就回答，"闻斯行之"，听到就马上去做，别犹豫、别考虑。冉求是那种会三心二意的人，考虑越多，只会偏离主题越远。

至于子路，他的个性冲动、鲁莽，当然不能一听就赶紧去做；孔子要他多踩踩刹车，凡事多考虑——问问老爸，问问老哥。(孔子没说出口的是：真的不行，就来问我吧！虽然我有时被你烦得要死；可是，我宁可被你烦，也怕你出事呀！)

这两人个性迥然不同，所以面对同一个问题，孔子就给了两个完全相反的答案。这就是因材施教。讲得更确切些，每个人的生命都必然有其具体的平衡之道。你是一个太过的人，就需要被稍稍拉回一点；你是一个不及之人，就需要被稍稍往前推一下。

这其实是所有教育的原点。关键只在于，为人师者到底有没有办法精准掌握学生过与不及的施力点在哪里。

动态平衡之道

　　这样一个动态的平衡之道，涉及中国人最根本的生命观。譬如中医，讲来讲去，不在于对抗疾病，更不是消灭病毒，说到底，就是在讲一个动态的平衡。事实上，天底下没有一个完全健康的人，只要是平衡了，就好。

　　我在《天清地宁》（按：简体版是《人间随喜》）一书中，有篇文章写倪再沁老师。倪老师是二十世纪九十年代台湾美术界第一健笔。他二十几岁服兵役时，被检查出来有肝炎，后来变成肝癌。退伍之后，隔三岔五就住院、检查。每次去西医院检查，西医一定摇头，觉得癌细胞数量太高，已经太严重了，后来，甚至严重到西医连开刀都不肯，因为肿瘤太接近血管，一不小心，就会割到动脉。西医几次都跟他说，剩下的日子，不会超过三个月。

　　后来，倪老师遇到高雄的一个中医师。那医师本来是台北某医院的专家，算得上肿瘤权威。后来他太太得了他主治领域的癌症，没救回来，这对他的打击非常大，从此对西医起了根本的质疑，于是尽弃所学，去上海中医药大学重新读中医，后来在高雄开业。这个中医把了倪老师的脉，跟他说，"你安心吧，没事！你的癌细胞确实很厉害，但你身上的正气也挺强大；两者之间，恰好保持一个平衡；只要平衡维持得好，你还可以活一段不短的时间，绝对还有许多个'三个月'"。

这就是一个动态的平衡。从动态平衡的角度，大家也可以体会宋明以后的儒者出了什么偏差。宋明理学家最喜欢讲六个字："存天理，去人欲。"真正了解中国文化的人都知道，人欲怎么可以去呢？事实上，人欲不能去，也不能灭，最多只能转。透过转化，人欲跟天理能达成一个平衡，那就不容易了。如果你把人欲全都"消灭"了，最后就只有两个可能：一，你真的变成神了；二，你变成一个假人。要么，天天天人交战，活得极度紧绷；要么，就成了一个身心撕裂的伪君子。

蒋介石是宋明理学的信徒，常常在日记里把自己骂得猪狗不如。说实话，对自己过度严厉不是好事，这是宋儒之风。对自己过度严厉、要求过高，只要时间一久，自然会发现自己常常做不到，这时就可能会变得自暴自弃，更可能活在一种内心紧张的状态。大家知道，生命最核心问题的解决，通常不是在一种紧张的状态下解决的；相反，越是放松，才越可能解决得了。

上回我在北京讲《史记》，有位同学是个攀岩教练，之前有个高难度的动作怎么都过不了关。他想尽办法，每次都是努力、努力、再努力，可结果却是失败、失败、又失败。后来上完了《史记》课，他没怎么努力，也不太费劲，居然就攀过去了。这当然与我无关。但是，跟刘邦有关。他受了刘邦很大的启发。有些事情不当回事，这事就不是个事；原来一直耿耿于怀的问题，可能就再也不是个问题。

严格讲，也不是完全不当回事，而是在"当回事"与"不当回事"之间，保持着"若有似无"的状态。换句话说，你必须能看到那个问题的存在，却又不被它给绑住。只要你心里没被绑住的紧张感，你就有办法跨越过去。

我们很多烦恼都是这样的。越是紧盯着它，越想跟它搏斗，那些烦恼就越难解决得掉。有时不把它太当回事，反而就跨越过去了。所以《史记·曹相国世家》写曹参治理齐国时，特别交代继任者，别轻易去搅动那些奸恶之人，要让他们"安居乐业"；不要每天严打"犯罪"，想消灭所有的罪恶。即使面对奸恶，都应先保持某种平衡的状态；在这平衡的基础上，我们再来进行调整。

就像孔子面对他这一群学生，一方面得掌握每个人的平衡点，另一方面又得谨慎地调整。一旦抓不准，或是太急切，反倒会制造出很多问题。其中的抑与扬、推跟拉，永远都要有这样一个动态平衡。

我们接着讲子路。读《论语》，很容易对子路印象深刻。子路很生动、很可爱，但是个有缺点、有毛病的人。正因为有那些缺点与毛病，他才特别让我们觉得可爱。所以，我们回家看另一半时，不要去想象一个"理想"、没缺点的另一半。这种人不存在。纵使有，也绝对不可爱。对方必然有或这或那的一些缺点，我们面对这些缺点，其实也就是先知道了就好，千万别想着要"改造"它。事实上，人是不能被改造的，最多，只能被转化；而且，转也是他自己去转，别人顶多也就给他一些因缘。真正转化的发动与完成，根本仍在他自己。

这个世界之所以天不清、地不宁，正因为想"改造"世界的人太多了。家庭也一样，别轻易去想"改造"任何一个人；即使亲如夫妻，有些缺点最多就是在明白之余伺机而动，找到关键点，碰一下就好，见好即收。别心存太多妄念，老想把对方改造成什么样子，这是我们必须要有的基本谦卑。老实说，我们连自己都改变不了，又何德何能改造得了别人？大家如果曾痛下决心想改变自己，就很明白，真要改变自己，又是何其困难！不信，大家去看看蒋介石日记，整天痛骂自己，到头来，又有何用？

中国人说"大化无形""无为而治"，倘使这世界能变好，基本都得"润物细无声"，在不知不觉之时、若有似无之间慢慢转化的。倘使要转化别人，其实都得先把自己的生命松开。自己松开之后，对方转化的可能性才会变大。一旦松开，你自然就不会想太多；对方能改最好，不改，其实也是正常的。

不忮不求

子曰："由之瑟，奚为于丘之门？"门人不敬子
路。子曰："由也升堂矣，未入于室也！"

——《论语·先进第十一》第15章

这回子路弹瑟，被孔子批评了两句。大家知道，子
路本是个粗线条，弹起瑟来，多半有几分毛躁。孔子一
听，忍不住就皱了眉头言道，"由之瑟，奚为于丘之门？"
我孔丘门下怎么会有这么粗鲁、这么急躁的声音呢？孔
子这么一损，"门人不敬子路"，其他学生立刻就不太尊
敬子路了。子路辈分高，是大师兄；孔子一看，大家都
不敬子路了，这哪儿行呀？大家太过了吧！于是，赶紧
再拉他一把，说道，"由也升堂矣，未入于室也"，你们
别不尊敬他，他都已经升了堂，只不过还没入室罢了，
真说差距，也就差那么一点点；至于你们，可能都还未

必升堂呢!

这一拉一放,很有意思。我们说一个人的气象大,就在于能开能阖,能放能收。孔子刚才先抑后扬,现在我们再来看看他怎么先扬后抑。

子曰:"衣敝缊袍,与衣狐貉者立,而不耻者,其由也与!'不忮不求,何用不臧?'"子路终身诵之。子曰:"是道也,何足以臧?"

——《论语·子罕第九》第27章

那天,孔子当着大家的面表扬了子路,说子路即使穿着破烂的袍子,跟一身华丽的人站一起,也丝毫没有半点的不自在。能这么昂然挺立的人,恐怕,就是子路了吧!

孔子说完之后,还引了一句《诗经》的话来表扬他,"不忮不求,何用不臧"。看到人家如此华丽漂亮,他既不嫉妒,也不攀求;这种人走到哪儿,肯定都是没问题的呀!

老师这么隆重地表扬,子路忍不住就得意了起来,"终身诵之",走到哪儿,逢人就说这两句"不忮不求,何用不臧"。子路如此反应,当然嗨过了头,是不是有些得意忘形呢?于是,孔子又说话了,"是道也,何足以藏?",这本来就是该做的嘛,你得意啥?眼看子路已经"发高烧"了,当老师的,就得赶紧给点退烧药;如果嫌退烧药慢,干脆,就直接浇浇冷水吧!

这就是动态的平衡之道。当老师最要紧的,无非也就是这事。从五四运动之后,大学里谈中国学问,一定先要分个文、史、哲;但刚刚这样生动的平衡之道,到底算文、算史还是算哲呢?后来很多人说起《论语》这样的经典,首先就是大谈思想、哲学。但大家试想:孔子、子路这段对话,到底有什么哲学?恐怕说不上吧!至于思想,其实也没什么。准确地讲,我们读这则《论语》,读到的就是一种生命状态。今天我们很多人的问题,并不在于没有哲学,也不在于思想不丰富,而是我们的生命状态不算好。生命状态才是关键,也才是中国经典的核心。今天很多人一读传统典籍,就告诉你孔子是啥思想,庄子又有啥哲学,说了半天,其实都是偏离主题,无关紧要。

当初编《论语》的人正觉得这样饱满的生命状态只要能记下来,后人肯定就会受用、会被启发的。读中国的书,目的也在这里——我们是要被启发,而不是去学习什么深刻的思想、系统的哲学。今天人们把《论语》一句句翻译成白话、一章章分析,然后把孔子的思想条分缕析、说得明明白白,当真就会有用吗?未必吧!用西方哲学的思维来谈中国学问，其实是牛头不对马嘴，压根儿就是不对。但当我们跳脱西方思维，直接看孔子与子路这么一问一答时，肯定会有些感觉的，这感觉才是真的。如果脱离这种感觉，只纯粹在大脑里思辨，那思辨与实际的生命终究仍隔了一层，不相干的。

正因如此，我们读《论语》才要读没有注释的白文。毕竟，少掉一些批注、分析，直接读原文，反而更容易读到子路的可爱与孔子的生动；这是属于生命层次的东西，自然容易产生某种能量；一旦产生能量，书就没白读了。

阴阳调和

> 子曰："唯女子与小人为难养也！近之则不孙，
> 远之则怨。"

——《论语·阳货第十七》第 25 章

接下来，大概是孔子被修理得最多，也最容易让人产生反感的一章吧！虽然讲的是"女子"与"小人"，但绝大多数人会把目光紧盯着"女子"二字。

这一章可以分三层来说。

第一层，如果从世间常情的角度来讲，这一章可能就是孔子在某个特殊情境下讲出来的话。譬如，那天他和夫人有了啥争执，正在气头上，恰好碰见了学生，于是脱口而出，就说了这么一句话；不高兴时讲几句气话，失了准头、有些偏颇，都是人之常情，其实也不必做过度的延伸。

第二层，孔子这话若客观来说，虽然有点以偏概全，但确实可部分成立。有一部分的女性（数目可能还不少），或多或少有这么一点"近之则不孙，远之则怨"的味道，这是个事实。只是孔子特别与"小人"并举，听了就容易引起反感。当然，我记得南怀瑾先生也说过，大多数的男子其实都可算是"小人"，也同样都有"近之则不孙，远之则怨"的问题。如此一说，等于两边各打五十大板，大家各自反省，也就行了。老是这样对孔老夫子穷追猛打，对我们自己也不会有啥帮助。

　　至于第三层，可能就牵涉到中国文明中黄老与儒的根本差别。如果与儒相较，黄老的天道无亲、生杀同时，基本上是一种更男性的生命状态，也更男性的思维，可同时，黄老却特别能领略女子的好处。老子说柔弱胜刚强、上善若水，都格外能看到女性的长处。这很有趣，也看似矛盾，可实际上是阳中有阴、阴中有阳。如果用更平常的大白话来说：假使你是一个真正彻底的男人，你就有办法领略女人的好；倘使你看不出女人好在哪里，你可能就只是一个半吊子的男人。

　　相比之下，儒家就比较没办法领略女子的好。尤其宋明之后，儒生跟女人的关系更是有一定程度的紧张。于是，他们把女人拘闭起来，大门不出、二门不迈，甚至连缠小脚这样的事情也出现了。这些事的出现，绝非偶然，其实跟后来中国文化整个气象的萎缩是息息相关的。宋明之后，男人好像更多是用形式上的权威在压女人。我们必须承认，宋明之后，中国的男女关系确实有那么一点不健康。如果追溯到儒家的始祖孔子，他生命里面是不是也偶尔有那么一点点紧张呢？这也难说。如果真有那么一点点紧张，我确实也没办法帮孔子作太多辩护。

在中国文明的系统中，一向最重视阴阳的调和。《史记》中陈平答汉文帝问，丞相职责之一，就是"理阴阳"。所谓"理阴阳"，听来有点抽象，可落到实处，最具体的阴阳，其实就是男女关系。

中国现在的男女关系实在不太健康，使得不少男人一个个痛苦，而不少女人则更痛苦。比如上海的阴阳失调，可能是全中国的某一种典型。

相较于上海，广东的潮汕地区就形成一个有趣的对比。上回我去深圳，有个官员跟我聊到，潮汕是全中国非常特殊的地方。特殊在哪儿？现在全中国几乎没有一个地方的婆媳关系不紧张，包括台湾也一样，但潮汕地区却一直问题不大。问题不大的原因在于，他们在家就是婆婆最大，没什么好争执；媳妇一方面认命、谨守本分，另一方面也清楚，反正有一天自己也会熬成婆；大家各正其位，就不会有太多的问题。这跟中国传统思维没什么两样，跟《红楼梦》所描述的家庭状态也差不多。

《史记》记载，有一次汉文帝坚持要御驾亲征、讨伐匈奴，不论文武百官怎么劝，文帝都不为所动；可后来他母亲薄太后表了态，反对他去，结果汉文帝只好鼻子摸摸，就不去了。看来，皇帝再大，他母亲可能比他更大，这其实是中国式家庭的特色。婆婆辈的人，基本不介入具体的事情；原则上装聋作哑、不闻不问，这是她的身份地位该守的"本分"。就像贾母每天只负责跟那群孙儿嘻嘻哈哈，可到关键时刻，表个态，自然有她的分量。潮汕地区直到如今，许多家里面的婆婆都还有这样的分量。

同样的，潮汕地区夫妻之间的关系，可能也跟一百年前中国的状态差不了太多。男人负责赚钱养家，这是他的责任；至于在外头具体做了什么事、和什么人来往，女人不太清楚、也不太管；女人只负责把家里的细节打理好。彼此内外有别，又有种宽松。这样的关系，就是一种中国式的平衡。

在中国式家庭的平衡里，男人像家里的神主牌，精神象征大；女人则具体操持，如厚德载物。男人多半是虚的角色，而女人则较多是实的角色。我常常开玩笑说：中国人的孝顺"父母"是讲假的，多多少少，是给男人一点面子，虚名罢了！准确地说，其实孝顺"母父"，基本是孝顺妈妈，顺便，也孝顺一下爸爸。大家试想，小孩出门在外，往家里打电话，多半是找妈妈。等到年纪大了，离得远了，思念的，也仍多是老母亲。戏曲向来有"四郎探母""李逵探母"，谁在探父呢？这就是中国式家庭的阴阳平衡。在阴阳与虚实之间，大家各正其位、各司其职，就会达到一个平衡。

不幸的是，现在全中国在谈家庭的人，几乎都是搬西方男女平等那一套；结果不谈还好，越谈，家里只会越乱套。至于谈国学的人，则是大多数不碰家庭这一块。但是《中庸》里面有一句非常重要的话："君子之道，造端乎夫妇。"中国文明的基地是家庭。如果不谈家庭，中国文化的重建就绝对是"空中楼阁"。

讲到家庭，核心就是母亲。中国最重要的教育，是母教。最核心的问题，是恢复母教，要让每个母亲扮演中国教育的最关键者。

我的朋友——诗人杨键说，中国文明重建的基础，是要有一个个的好妻子与好母亲。这话说得好。事实上，中国历史上所有的伟人，绝大多数是妈妈教的。中国最重要的教育场所，从来就不是什么北京大学、岳麓书院，统统都不是。中国最重要的教育场所，就在每个家庭；中国教育最重要的执教者，则是孩子的母亲。有什么样的妈妈，就有什么样的小孩；母教是中国最最核心的教育。这一点很重要。蒋介石后代的教育问题，恰恰也出在这里。根本说来，宋美龄算是半个美国人；蒋介石那种儒家性格的人遇到这种人，能不能在家庭教育中找到一致的主轴，都还是个大问题。蒋经国的夫人蒋方良是个俄国人，又是异文化，真正要教小孩，肯定有不知从何教起的冲突与矛盾。所以，蒋家第三代就很难成器了。

因为母教出了问题，导致蒋家第三代统统不成器；也因为蒋家第三代不成器，再加上其他种种复杂的因缘，才会有台湾今天不知从何说起的困境。这真是一环扣一环。所以大家发现没有，家虽小，有时影响却有很大！

孔子的大实话

子曰："民可使由之，不可使知之。"

——《论语·泰伯第八》第9章

这一句历来争议极大。

现在许多儒者谈到这句，都必须讲得弯弯绕绕，想尽方法来帮孔子"解套"。有的人讲得言不由衷，有的人则讲得天花乱坠。总而言之，他们都强调，孔子的原意不是大家想的那回事；换句话说，孔子被"冤枉"了！

我的看法是，这一章很清楚，也很简单，根本不必拐弯抹角帮孔子找各种"说法"。孔子的意思就同字面所说的：很多事情只能让老百姓照着做，谁也没办法让老百姓把事情的前因后果都搞得清清楚楚。

在今天这个时代里，这一章听来当然刺耳。但孔子讲的，是个事实，是一句让人听了不舒服的大实话。我们必须承认，一般人的确是只能"由之"，只能照着做，谁也没办法让所有的人都搞清楚事情的来龙去脉、前因后果，然后知道为什么要这么做。事实上，你如果真为他好，就不用跟他讲那么多道理，也不要跟他分析太多；讲多了，有时只会害了他。

尤其是教育孩子，更该如此。大家千万不要落入一个陷阱，认为小孩要跟他多讲道理，啥缘由都让他清楚。小孩最要紧的，是让他知道该怎么做。我常讲，中国人的教育不是老去问"十万个为什么"，而是要关心"十万个怎么办"。今天小孩能懂得孝顺父母、体谅别人，那就非常好，并不需要明白为什么必须要孝顺父母、体谅别人。许多事不必说太多道理，只要培养孩子有做的能力即可。今天只要他做得好，这辈子就能受用，未必要搞得多么清楚。

按现代人的思路，我这么讲，肯定要被骂作"愚民"。但我必须要说，在某些时候，这又是对的。反过来说，"启迪民智""一切以民意为依归"这类的说法，当然中听，但是否诚恳？是否深中肯綮？那就不好说了。大家现在老把这样的话挂在嘴边，其实就是受西方的影响、把西方那套民主思维奉为圭臬罢了！可西方这套说法，会不会又只是某些别有用心之人的修辞呢？

老子说"古之善为道者，非以明民，将以愚之也"，这与孔子所说的"民可使由之，不可使知之"，都是深明事理之后说出的大实话。有些人不能开发他太多聪明，开发多了，不见得会变得明白事理，可能只会变得工于心计、自我中心。很多人的聪明被不恰当地开发之后，就失去了生命中原来该有的质朴和大气。这正是庄子在《大宗师》里所说的那个寓言：一旦混沌被凿开了，最后，七窍开而混沌死。

小孩尤其如此。混沌不要太早打开，不要像个小大人一样，啥都头头是道、啥都应对得体。小孩要有点笨拙才好，不要太早开发聪明，更不要太过伶牙俐齿。一旦伶牙俐齿过度，他的聪明就容易落入算计、变成机巧；一旦过早娴于应对，就容易流于形式，于是便容易装、容易假。一装、一假，一算计、一机巧，他这辈子大概就很难过得安然，旁边的人日子也不好过了。越多这样的人，这世界就只会越不清宁。

某些聪明的东西，都得适可而止。这种"适可而止"的分寸拿捏，其实比大家想象的更困难。

正因为"民可使由之，不可使知之"是句大实话，所以受过现代民主"洗礼"的人一个个都不爱听。喜欢听假话，本是人的通病；可能受西方资本主义与民主政治的双重影响，现代人更是变本加厉。且不说满大街迷眩人心的广告说辞，即使真实世界中，很多女士不是也喜欢听男人跟她说"我爱你"吗？尤其"进阶版"的"我永远爱你"，明明是彻底的假话，有不少人还是听得痴痴迷迷。中国古人不喝那么多迷汤，所以一向不说这种浑话，古人的生命状态可能也因此比我们好那么一些。中国人自古以来是"大恩不言谢，大爱不言爱"，正如前面所提的"大信无信"，孔子一方面要立人世之大信，说"朋友信之"，但在某些关键时候，却可以抛开世俗所执念的小信小诺。这样拿得起又放得下，才是真正的大信。大信无信，才可以不被信拘执，不被信束缚。同样的，大爱不言爱，老是谈爱，那个"爱"多半会有问题。所以在家庭里，中国人其实是连"请、谢谢、对不起"都不太说的。越是亲人，就越不必有那么多的客套与繁文缛节，甚至，还可以有那么一点点的无礼。

认真说来，"礼"当然是必要的，但在某些时候，则是应该被超越的。家人间该有的规矩一定得有，但家里也应该允许有某些的没规矩，这其实与"大信无信"是同一种中国式思维。全世界大概只有中国的女人会喊自己的丈夫"死鬼"，可全世界大概也只有中国的女人对自己的丈夫如此视为至亲（中国人不是把男女结婚说成"成亲"嘛）。这其实是很了不得的智慧，中国的百姓也一向都有这样的智慧。我们不必被那些西化的文化人牵着鼻子走，不必老瞧不起我们的含蓄与不善于表达，更不用焦急地想学习如何表达我们的爱意云云。中国人不信这一套，我们玩的是另外一种东西。

有人问，"仁"是不是一种情感的表达，而"智"则是理智方面的？

"仁"的核心，当然跟情感有关。但把它跟"智"截然划分，变成一种概念的分析，最后可能就与《论语》脱节了。中国的东西都不适合分析，准确地讲，中国的东西都必须超越分析。一落入分析，看似头头是道、蛮有道理，可却会有种根柢的隔阂；说了半天，终究于己无益。

所以，我就不分析"仁"与"智"的差别，单单只谈这个"仁"字。大家知道，我们平常会骂人"麻木不仁"，这词意味着："仁"得先要有感；只要无感，就是不"仁"。不幸的是，我们现在的教育恰恰是一种无感的教育。若以客观理性、逻辑思维为名，必定要把你的感受给抽离开。尤其大学，更是整天进行着抽象的客观分析、思辨论证，想方设法，就是要把人的情感给去除掉，那才是最彻底的无感教育。

这样子做学问，肯定是与《论语》彻底背离的。只要是用这种分析、思辨的方式，不论怎么讲，都不对；且越讲，只会离得越远。

谈中国学问，首先就要有个"感"字。所谓"格物致知"，"格物"是什么？"格物"就是先感，进一步"感而遂通"，最终再感通到与物无隔。至于"致知"，则是感而遂通之后，回头再有个知解与思索。"格物致知"说白了，就是先感后知；换言之，感是知的根本。所有学问的根本，永远是我们对世间所有人、事、物的真实感受。

有了感受，我们后面所有的认知，才可能像株有根之花生机盎然地生长。否则，所有的求知，都会变成《庄子·养生主》中所说的"吾生也有涯，而知也无涯，以有涯随无涯，殆矣"；而所有的思索，也都可能会异化成"往而不返"的逐物。

"先感后知"这样一个顺序，原不只是中国学问的，而是人类所有学问都应该共同具有的。可惜，西方文明早在两河流域肇始时，致知与格物就出现了某些脱节，两者的关系就没那么浑然一体；而后，强调思辨、强调哲学的希腊又进一步扩大了这种断裂，到近代科学主义兴起之后，就彻底把感受的东西抽离掉，炮制出一种所谓完全客观、完全理性的思维，从此，"无感之知"横行四方，统治了全世界。这种没有格物基础的致知，准确地讲，是一种"伪致知"，本质说来，是种极不健康、极不正常的东西，其实就是一种癌细胞。因为是癌细胞，所以会恶性膨胀，会有一种变态的强大，所以扩张得极迅速、极猛烈，甚至还让中国人丧失了自信，许久都抬不起头来。

现在很多人在讲"会通中西"，这话也对也不对；西方当然有可取之处，也当然有可以会通的地方，但是，像癌细胞这种东西却是不能被会通的。不过，面对癌细胞，我们倒不需急着去消灭它；毕竟，癌细胞不是用杀的，只要养好自身的正气，慢慢的，癌细胞就可能变得无关紧要。因此，我们不需消灭与格物完全断裂的科学主义，只需把好的东西、对的东西发展出来，换言之，我们只需恢复格物，把该怎么教育、怎么生活都弄好了，最后，到底会是"君子道消、小人道长"呢，还是"君子道长、小人道消"呢，就只能听天由命了。两者究竟如何消长，很难说得准。如果人确实作孽太甚，上天真要绝人，那谁也没办法。说到底，我们就只能尽人事、听天命。人不能过度傲慢、过度自大，认定我们必能做些什么、必能扳回些什么。

我不喜欢自居中流砥柱，也不想力挽狂澜，我只做我该做的。当然，某些时候是可以做中流砥柱的，但更多时候，这样的念头只会制造太多不必要的紧张。即使我们是对的，也别太执着，别太把自己当回事。我们就是做我们该做的，除此之外，还必须因此而活得更好。如果因为做了该做的事而将自己搞到很愁苦，那么，即使再对，都会变成不对。

《论语》处处强调"悦""乐"，一个好东西、一件好事情，首先就得让人心生欢喜。但凡是对的，必定让人觉得踏实，觉得安稳，进而有种悦乐之情。所以，孔子特别称许颜回"人不堪其忧，回也不改其乐"，重点就在于这个"乐"字。孔子在意的，正是这么一种"悦""乐"的生命状态。因此，"仁"也好，"智"也罢，情感也好，理智也行，重点都在于我们怎么慢慢地调整生命状态，同时也让身边的人能深觉其好，心生欢喜，这才是更大的功课。

还有同学问我，《论语》里的"小人"和我们现在说的小人一样吗？其实有的一样，有的不一样。

《论语》里的"小人"，大概可分成三种：第一种，"民可使由之，不可使知之"，这种"民"就叫小人，指的是市井百姓；第二种，孔子告诫子夏"女（汝）为君子儒，无为小人儒"，这里的"小人"是指心量、气度、格局都不大的人；第三种，就是我们现在习惯用法所说的那种卑鄙、龌龊之人。

第一层的市井百姓跟另两层的小人，完全是两码子事。市井小民可让人佩服的，可多着呢！他们的心量之大、为人之坦荡，常常是一般有身份、有学问之人所不能及的。因此，"小人"到底指的是哪一种，还得看说话的情境，才能够抓得到确切的意思。

所有中国的学问，都必须在具体的情境里，才能看到它的真实。所以，不需要有一个太清晰的"小人"的定义。中国学问不需要定义，真去定义，也定不住。

如果你要去评估的话，说穿了，就是你的感觉。你一看，就知道了。比如小孩教得怎么样，父母最明白。父母感觉孩子有了变化，这感觉不可能化为具体的指标，但心里肯定是清楚的。

知识性的东西，可以考试；技术性的东西，可以有指标；但如果是真正生命性的东西，就既非知识，又非技术，既不能量化，更无法有指标了。虽说没办法有啥具体的指标，但你一看，还是能知道的。万一我们担心自己眼力不足，或者情感涉入太深以至于沾事则迷，那么，就不妨请旁边的人帮个忙，旁观者清嘛！说到底，只要眼力够，还是可以看得出来的。

"由之"与"知之"的阴阳关系

回过头，再来说说"民可使由之，不可使知之"。

这两年，我带大陆的学生游学台湾。第一站，都是先到台北市北投区的菜市场。一方面，是因为这菜市场我熟；另一方面，也因为北投菜市场很有代表性。在台北这么一座现代化城市里，北投菜市场样貌自然且丰富，连叫卖声都很带劲，鲜活又嘹亮，很容易感觉到台湾民间的生命底气。

这生命的底气，背后肯定有个文化的因素。有人会说，台湾背后的文化根源有许多条系统，但不可否认的是，其中最大的系统，绝对是中国文化。相较于文化人与知识分子，菜市场的市井小民没有因西化而产生太多的扭曲与纠结，他们深植于中国人世，相对更活泼生动而又实诚厚道，特别有种读书人身上不多见的深稳信实。

在他们身上，我们可以读到"民可使由之，不可使知之"的另一面。

这句话很长一段时间以来，一直是负面的意涵，可在这些没太多"知之"的庶民身上，却彰显出另一种正面的价值。孔子讲"民可使由之，不可使知之"，是让普通百姓只需照着做，不必求明了。在这基础上，圣人想方设法制礼作乐，让万民都能有所依循。一般人有此依循，凡事只需照着做，这辈子基本就可以安身立命了。

正因为"民可使由之，不可使知之"，所以衰乱之世读书人不免价值混淆时，市井小民就不太会有这种问题。当下台湾庶民整体的中国文化涵养，因此就显然高于文化人与知识分子。毕竟，因为西化，台湾知识分子与文化人很难不受冲击乃至于被"洗脑"；对于中国文化，他们要么隔了一层，要么就看不上眼。可一般百姓因为"可使由之，不可使知之"，被冲击不多，被"洗脑"更少，多半还照着传统价值生活，百姓日用而不自知，于是便多有古风。

在中国传统里，理想的士人必须源于百姓，又高于百姓。士首先必须接地气，跟百姓联结在一起；百姓"由之"，士更应该"由之"。读书人的思考植根于"由之"，就可能指导百姓、开风气之先。反之，如果"知之"与"由之"相互扞格，整体思路不对、价值混乱，读书人就是带头做坏事。

月有阴晴圆缺，时代也会有起伏高低。不同的历史阶段，会有清楚的时候，也会有错乱的时候。在好的时代里，"可使知之"的士人跟"可使由之"的百姓是个《易经》的"泰"卦，地天泰，天地相会、乾坤交融；士人跟百姓，一阴一阳，形成一种太极关系。在不好的时代里，士人与百姓则变成了《易经》的"否"卦，天地否，两者殊悬、互不相干。在这种错乱的时候，越喜欢思考的人，会越失败。百姓则不然，他们有种强大的惯性，所以知识分子错乱时，反而得仰仗这些百姓，才能够保存文明的元气。

　　有人说，"台湾保有中国文化"。这话倘使能部分成立，相当程度上，就体现在北投菜市场这类市井之人身上的活气与温厚。我这些学生一来台湾，先看看菜市场；对于孔子、对于"可使由之，不可使知之"这话，应该都会有另一层体会吧！

身边有大师

上回有场讲座，到了提问环节，某位男士问道，西方的历史中，自苏格拉底、柏拉图之后，大师辈出；反观中国，从孔子、老子以后，因不断地注经、解经，从此就再也没出现什么大师了。

对此，他问我有何看法。

凭良心讲，这是个很老掉牙，也很西方中心的问题。我还没展开谈之前，只先反问他：有没有大师，跟你有什么相干？

这时，但见他眼睛一亮，整个人突然打开似的。如果用古人常用的字眼来说，或许，就是"悟"了。当然，你要说这是"开悟"，也行，只不过，"悟"字较平常，"开悟"则有点神叨叨，也被用滥了，所以我不太愿意用这个词。

一个语汇刚用时，肯定是新鲜的，就像"仁义礼智信"，一开始也充满了生命力，可用久了，到后来不仅成了陈腔滥调，甚且还充满着道学味时，我们就不适合再多讲了。"开悟"也是一样。这字眼被太多神棍拿来自我标榜、整天叨念，早就有点异化了。尤其有的人对"开悟"有种错觉，以为只要"开悟"了，从此就啥问题都没有了。"悟"通常不是这样的，正常的"悟"，就像那位男士一瞬间整个人突然亮了起来，但是睡了一觉，可能隔天又不是那么清晰了。毕竟，悟有小悟、有大悟，但即便是大悟，过一阵子都还是可能退转的。这其实是人生的常态，就像一个人即使身体康复了，仍然会再生病一样。

那位男士的问题，可以稍微再展开一下。中国后世绵延不断的注经、解经，好处就是尊重传统。尊重传统是件非常了不起的事，尤其在我们当代，更该予以强调，毕竟，我们都太轻蔑传统了。可是，任何事情过犹不及，中国在某些时代又过度地尊重传统，尤其宋明以后那样地匍匐在圣人的神龛底下、连大气都不敢喘一下的状态，大概就不会有太多生命力了。

所以，今天我们面对传统，还是应该学学孔门弟子（尤其子路）面对孔子的态度。该尊敬，绝对尊敬；该质疑，得质疑；偶尔顶两句，即使顶错了，也无妨；这样才更健康。别弄到大气都不敢喘一下，然后认为大师讲的、经典说的，没一句有问题；即使看到有问题，也想办法把它解释成毫无问题。这样地注经、解经，当然不是好事。

说实话，《论语》大概是所有经典里面最清楚、最好解的，但一经历代儒者无穷尽地批注之后，却成了一个无底洞；一则越解越众说纷纭，二则解了很多，都搞不清楚与我们的生命究竟有何相干。

批注了半天，却落到与生命无关，这恰恰是庄子"得鱼忘筌"的彻底悖反。为了避免悖反成"得筌忘鱼"，我们谈所有的学问都必须自问：这与我们自身，到底有什么相干？这是原点，也是终点。所有学问万变不离其宗，都不能偏离这个主题。学问这事很麻烦，一不小心，就会偏离主题。越有学问的人，越容易"得筌忘鱼"，偏离得也越厉害。真正有学问的人，常变成看似没啥学问、不太在意"筌"的状态。反之，那种整天满腹经纶的姿态、一嘴"筌经"的人，往往最没生命力。

信佛也一样。信佛本是大好事，可因信佛而误入歧途的人实在太多了。修行亦是如此，一个人不懂修行很糟糕，可满嘴修行更糟糕。一谈修行，很容易就走入魔道，因为魔道太吸引人了。只要看来很迷人的，多半可能是魔道。正道大多稀松平常，就像家常菜一样。

气象大，不必纯粹

　　再回到那位男士所提老子、孔子之后的大师问题。第一，他所说的，有一部分的确是事实：后世中国解经、注经的传统，确实是过了头。第二，并非事实的是：后代真正了不起、配得起"大师"一词的人，还是很多的。譬如，司马迁就非常了不起，他的生命气象与孔子基本是同一等级：好而知其恶、恶而知其美，司马迁看得到每个人生命中那闪闪发亮的地方。《史记》最后一卷《太史公自序》对先秦诸子的鸟瞰式总评，也跟《庄子·天下》篇是同样的大气象。但也正因如此，后世有些偏狭的儒者就对司马迁不满，觉得他不纯粹，这也喜、那也爱，对啥都有好感。可实际上，气象大的人因为没洁癖，啥都容得下，所以看来好像有杂质，但这都是好事。真正气象大的人，压根儿就不必纯粹。

　　司马迁在《史记》中所展现的气象，是中国文明最顶级的东西。要讲大师，那就是彻彻底底的大师。虽然宋明之后，带着洁癖的纯儒成了主流，但在这主流之外，依然有不少气象很大的人，只不过他们没浮上台面，我们未必知道罢了。

中国历朝历代，没浮上台面的高手比比皆是。这是我们读《史记》必须要有的一个基本常识。否则，我们就无法解释，为什么到了秦朝末年会突然冒出那么多的高手？这些高手除了张良是韩国贵族之后、算是有些背景之外，其他人像刘邦、陈平，那是什么样的出身？早先都还让人嘲笑呢！萧何、曹参，不过就是县级的公务员，樊哙还是个屠狗的呢！可是，只要时机一到，这些人一个个精彩、一个个厉害。所以，咱们别轻易说这世界没大师、没高人；说这种话，只反映出自己的偏狭与无知罢了！

每一个时代，都会有类似的问题：当下掌握了话语权，因而被捧得比天高，可经过了数十年、数百年后，可能烟消云散、什么都没留下。譬如，李白有篇著名的文章，叫《与韩荆州书》，韩荆州当年名望极高，只要得到他的青睐，获得他的举荐，基本上就可飞黄腾达。才高八斗如李白，都得特意写信给他，希望获其认可、得其举荐。结果，这么一个"显赫"之人，经过一千多年后，如果不是因为李白这篇文章，还有谁会知道他韩荆州呢？毕竟，很多的声名烜赫，常常是一时的；经过更长时间的沙汰，或许又会回到一个更接近真实的状态。

最后，我们再做个小总结：孔子、老子、司马迁这样的人，当然是大师；但大师与否，并没那么重要；即使孔子不是所谓的大师，只要我们读了《论语》，某些话打动了我们，因而受用，那就够了；至于是不是大师，就留给那班学者去讨论吧！所有的学问，都该回到这个原点。反过来说，即使一个很普通的人，我们听其言、观其行，有时也会有种醒豁感、突然明白了些什么，这时，此人给我们的教益，就远比那些所谓的大师重要得多了。

于是，我们就可以对下面这章更有些感受：

> 子曰："三人行，必有我师焉。择其善者而从之，其不善者而改之。"
>
> ——《论语·述而第七》第21章

三个人一块走着，只要仔细看看身旁之人，必定可以获得教益。旁人有动人之处，我们心生佩服，赶紧向他看齐。旁人有不足甚至是不堪之处，我们引以为戒，提醒一下自己；倘使有同样的毛病，当然要想办法改正。

今天，如果我们能从身旁之人获得一次次醒悟，这身旁之人，正是孔子所说"必有我师焉"的那个"师"；如果这个醒悟的力道很大、能量很强，那么，这人不仅是"师"，还是真正的"大师"。反过来说，如果孔子讲了半天，我们无法学到任何东西、生命没有半点改变，那么，不管他是多么了不起的"大师"，总之，都是与我们不相干的。

我有个小学同学，年轻时在王永庆的台塑公司当技术员。有一次，操作出了意外，手被机器碾过，两根手指头就没了。得知消息后，我带着南怀瑾的《论语别裁》去医院看他；一进病房，只见他全家人一片愁云惨雾，正担心他受伤后会丢掉工作，将来生计没有着落。我跟他说，将来之事，不用担心，你会因祸得福的；眼下躺在医院，闲着也是闲着，就读读这两册《论语别裁》吧！

我不会算命，之所以确定他会因祸得福，是基于一个简单的判断：王永庆这样的老一辈企业家，有其古风，他们通常会视员工如子弟。王永庆说过，台塑集团最大的资产就是员工，所以台塑从不裁员。我因此判断，这样的企业断不可能将因公受伤的人撵走。受伤之后，我同学既然不能在生产线继续当技术员，肯定会转成行政职务。他脑子灵光，又有几分江湖气，转成行政工作后，跟人打交道必定比早先跟机器打交道更容易有发展。当时，我直觉如此；后来，他果然转到行政岗位，做得如鱼得水、称心如意。

他因读《论语别裁》，打开了生命的一扇窗。出院后，问我还有啥书可看，我要他把南先生的其他书都找来读读，此外，"胡兰成先生的书如果你读得下去，不妨也看看"。后来，他把胡先生全集买齐了，一本本，都看了，说道，这个很深，大半都看不懂；可看得懂的部分，却读得很爽。

从受伤之后，他的人生开始发生转折，从此，气象一新，生命状态越变越好。最近，他跟我说："你是我头一号贵人，另外，我还有第二号贵人：就是我老婆。"他太太这几年学书法，整个人变了很多；他觉得老婆有种他所欠缺的沉稳与安定，特别的不简单；他每回看着看着，总不禁赞叹。

说实话，单单这样的赞叹，妻子就不仅是他生命中的贵人，更是他生命中的"大师"了。一个善于学习的人，正是如此模样；未必要跟着大家挤破头去拜见南怀瑾，更不需要眼巴巴去找那些时人眼中所谓的"大师"。单单就在身旁的寻常之人，不假外求，也可以从中领略许多。这就是孔子所说的"好学"。

善于学习，是一个人最重要的本领。读《论语》时，我们发现孔子称赞人的说法各式各样，其中一条，却是他最在意的——"好学"。被他评价为"好学"的，除了一个背景不太清晰的孔文子之外，就只有两个人，一是颜回，另外一个，就是他自己。

"好学"为什么如此重要？因为，只要你好学，就意味着生命有种柔软与弹性；有此柔软与弹性，生命就充满翻转的可能。当我同学意识到他太太是他的贵人，也是他生命中的"大师"之时，他家里的氛围，就不知不觉开始转变了。

所谓学习，最要紧的，无非就是学这个东西；"三人行，必有我师焉"，只要心一打开，身旁就可能出现我们生命中的大师。如果这样子来读《论语》，自然就会受用；如果这样子读《论语》，《论语》就会与我们无有隔阂，渐渐成为一体。

接地气

有位记者采访我时提到，宋明以来的书院，应该都不到田里劳作；可现在大陆的某些书院、学堂与私塾，却都很强调农作。这跟宋明真正书院的传统其实是不一致的。

我说，这里头有两层意思。首先，千万别把宋明以后的书院当成标准模板。宋明以后书院的某些精神可以参考，但不见得就是最好的状态。宋明之后读书人有某种程度的异化，他们常常不接地气，四体不勤、五谷不分，因此与民间多有隔阂。其次，读书人与土地相当程度的联结，扩而充之，亦即读书人与民间的相互闻问，都还是必需的。

我们看看下面《论语》这章：

　　樊迟请学稼。子曰："吾不如老农。"请学为圃。

曰："吾不如老圃。"樊迟出。子曰："小人哉，樊须也！上好礼，则民莫敢不敬；上好义，则民莫敢不服；上好信，则民莫敢不用情。夫如是，则四方之民襁负其子而至矣，焉用稼？"

——《论语·子路第十三》第4章

这一章，大家多半会注意孔子强调士人最该关心的不是"学稼""为圃"，而是礼乐大事。这当然没错。但我们也应该想到另外一层：为什么樊迟会向孔子问"学稼""为圃"呢？这不证明孔子肯定对于农作、园艺之事也是多少有些明白的吗？否则，樊迟又何必去问他呢？同时，孔门弟子会去问老师这事儿，肯定他们跟土地也有一定的联结。这样的联结以及后面更紧要的与民间的相知相悦，是中国文明的一件大事。一旦这联结断了，相知相悦也不见了，就是读书人开始异化了。

这样的异化，用今天的话来说，就是不接地气。中国读书人的不接地气，除了有宋明以来的包袱之外，自民国之后，更是日益严重。这当然是受了西方知识分子的影响。西方知识分子强调学术分工，开口就是专业；他们是完全不接地气的，甚至，有人还觉得越不接地气越好，因为，如此才能更纯粹、更心无旁骛于专业。西方不少大学问家不仅不接地气，还都不近人情，生活能力也很贫弱，整天就活在自己所谓的专业世界里。

将来中国文化要重建，首先，读书人得重新接上地气，重新跟民间产生联系。大陆这些年的国学热，有些标榜传统文化的人其实是非常不接地气的。一是纯儒，整天以天下为己任，对一般百姓却连正眼也不给；另外，就是一批人过度风雅，每天弹古琴、唱昆曲、品沉香、喝普洱，优雅得不得了，但是，生命就是少了接上地气该有的厚实。

今天的读书人，未必每个人都要种庄稼；但不种庄稼，也可以种个菜；没办法种菜，至少，也该认得了菜；起码去市场买菜，要有能力分得清。我自己种菜的本领挺差，每次都种得不咋样；但我到市场买菜，什么蔬菜合乎时令，什么蔬菜有无农药、有无化肥，还是判断得出来的。我想，这应该是最起码的。

君不君，故臣不臣

　　齐景公问政于孔子。孔子对曰："君君、臣臣、父父、子子。"公曰："善哉！信如君不君、臣不臣、父不父、子不子，虽有粟，吾得而食诸？"

——《论语·颜渊第十二》第11章

　　这一段齐景公与孔子的对话，读来有点好笑。孔子讲的，是齐景公必须君有君道，否则，底下的臣子免不了会臣没臣道。可齐景公在意的，不是孔子要他君有君道，而是想着：臣子万一不臣之时，那他该怎么办？"虽有粟，吾得而食诸？"

　　看齐景公这么反应，我们只好提醒自己：听人讲话，别老是选择性地听，净挑些自己爱听的，然后断章取义、做片面的解释，最后扭曲了原意，不仅听了白听，甚至听了还有害。齐景公就是个典型。

幸好重点不是齐景公。齐景公没听明白，不要紧；齐景公断章取义，也不重要。关键是我们弄清楚了没?

孔子讲"君君、臣臣、父父、子子"这八个字，自五四运动以来，一直被批评得很厉害。但是，这八个字是整个儒家乃至整个中国文化很重要的核心；如果把这八个字给否定掉，那么，中国文化就谈不下去了。

这八个字让人反感，不是没道理的。自宋明以后，君臣的关系就不算健康，一直有种内在的紧张。尤其五四运动高举德先生、赛先生以来，"君"更变成一个负面的字眼。可虽说如此，我还是建议大家先把这个反感暂时放下，试着持平地看这个字眼。毕竟，五四运动已过去了一百年，当时的特殊历史背景已然不再，我们该跨越过去了；不能老用一百年前的思维来对应当下的情境，更不能用骤然移植的西方经验来鄙薄我们绵亘五千年的文化基因。

老实说，孔子这八个字是很平常，也很简单的道理。如果今天你在一个单位（不管是政府还是企业）当领导，你就是"君"。你尽到领导该尽的责任，展现一个领导该有的气度和胆识，把"君"位坐好了（也做好了），你的手下才可能尽到部属的责任（也就是为臣之道）。如果像某些领导，不论是能力、胆识或气度，统统不行，他的"君"位自然会逐渐空洞化，剩下个形式；如果一天到晚再摆个架子，用那个形式来压人，属下当然不服，最后甚至要造他的反。这就是君不君、臣不臣。

君臣关系其实就这么一回事。小到一个企业的老板，大至国家的领导人，虽然复杂程度有别，可根柢说来，道理仍是一致的。所谓"君君、臣臣"，就是作为君，要有君的样子，"君德"必须配得上"君位"；德能配位，这时臣才会有臣该有的样子。君如果不君，君的德不匹配君的位，臣自然就不臣。

"父父、子子"也一样。现在很多家庭都觉得孩子难教，这没错；可孩子之所以难教，到底是孩子问题多一些呢，还是感慨孩子难教的家长问题更多一些呢？孩子当然有其问题，但问题的核心，常常只是因为他们的父亲不太像个父亲，母亲也不太像个母亲。当父母亲已经"德"不配"位"、失去（或做不到）该有的风范与分寸，甚至压根就没有"位"的自觉、概念上也根本放弃该有的示范角色时，小孩自然就难教，问题也自然就层出不穷。关键不在于小孩变坏了，而是父母没有做到父母该有的样子。父不父，当然子不子。假使父母"德"能配"位"、有该有的样子，即使小孩未必全好，至少不至于会有"孩子越来越难教"的感慨。这就是"父父子子"。

同样的逻辑，学校里其实也是"师师、生生"；老师有老师的样子，学生才会有学生的样子。老师如果错位在先，或者不具备相当的师德来匹配师位，学生自然就没个学生的样子；老师不能正位，即使教学再认真，学生也未必会买账。

所谓"君君、臣臣、父父、子子"，就是各正其位、各司其职。作为君、父，该有的威严要有，该有的气度更要有。当臣不臣、子不子时，通常，就只是因为上面的君不君、父不父。孔子这话如果讲给一个有悟性的人听，当下就会明白，问题的根本在于自己。中国的学问谈来谈去，最后总要拉回到自己。一言以蔽之，就是孔子所说"古之学者为己，今之学者为人"的"为己之学"。

所谓"为己之学"，可以分两层来说。第一层，一般人学习容易迷失在诸多的枝枝节节，更容易迷失在思辨与知识之间，因此，学习必须直探核心、清晰地察觉到：学这与自家生命何干？学这能有啥受用？如若不然，所谓学习，常常就变成逐物；学得越多，只会离题越远。第二层的所谓"为己之学"，是生命一旦遇到了挫折与困厄，得学会回过头来，照察到自己哪儿出了问题；至少，在某一个环节，我们肯定是得负点责任的；这环节不管再怎么隐微，都应该设法找到。铜板没两个不响，一件事别人再怎么有千不是、万不是，至少，我们总会有一两个不到之处。别人的千万个不是，我们很容易看得到，可自己的那一两个不到之处，真要照察到，就需要些悟性了。所谓"悟"，首先就是看到自己这隐微的不到之处。这种照察自己局限与不足的悟性，就是"为己之学"的核心。

从"君君、臣臣、父父、子子"这样的"为己之学"来看，整个中国文明不论上至一国政治，抑或下至一个家庭，原理都是一样的：每个人各正其位，清楚自己的分际，做该做的、守该守的；摆在那个位置，就有那个位置该有的模样。今天我是儿子的父亲，就要有父亲的样子；转个身去，面对我父亲，我自然要有为人子该有的样子。

2014年3月，我父亲生了一场大病，脑出血，医院发了两次病危通知单。医院说必须开刀，但开刀后，要不，救不回来；要不，也会成植物人。我们没理会医院。半年后，恢复得不错；恢复速度之快，已近奇迹。这里面，有着很多人的努力。最直接的，当然是我母亲无微不至、任劳任怨的照护。再者，我们兄弟之间彼此一致，从头到尾都用中医处理，基本避免掉西医许多无谓的医疗折腾。在这个恢复过程中，连我的三个小孩都有些贡献。我父亲中风之后，因脑神经受损，有些语言障碍，许多事情也记不清了，跟别人交流就成了问题，因此，极不愿意出门。于是，仨小孩就使劲拖着爷爷到外面散散步、运动运动，然后又缠着他讲话，没事就东拉拉、西扯扯。几个月下来，爷爷行动明显恢复，多多少少，也愿意说说话了。

在这段时间里，我带他看了两个中医。其中一位，在台北。几次从南部坐车辗转到台北，说实话，挺费事的，而且，费用也不算少。所以，每次我带父亲去台北，他必然会叨念半天、数落一顿。但作为儿子，被他骂骂、数落数落，其实也是正常的。如果他骂我一次，我就觉得委屈，觉得自己做得这么辛苦，没功劳也有苦劳呀，你还不知道感激我……如果这样，就成了什么？"施劳"，对不对？反正，只要大方向是对的，得做，那就做吧！他发发牢骚，数落一下，骂几句，这都是小事，无所谓！

家里面每个人各正其位，把自己的位置坐好了（也做好了），这个家才会兴旺，也才有办法逢凶化吉，不是吗？

由之？知之？

任何时代，人们多是不自觉的。天底下没那么多人能啥事都明白、都自觉，所以孔子才会说："民可使由之，不可使知之。"

我们必须承认，多数人真能彻底搞明白的事情，都是太有限了。只有清楚自己的有限，才不会盲动，才不会胡搞瞎搞。很多人的悲剧，就是努力了一辈子，等回头一看，却是一场空。世界上最麻烦的一种人，是很聪明同时又自以为很聪明的人。这种人比明明不聪明还以为自己很聪明的人更麻烦。因为后者的弊病很容易看得到，坏影响相对不大；可前者所造成的祸害，可就大了。

比较好的人有两种：一是，就像我这样，虽然不聪明，可愿意承认自己不聪明；二是，明明很聪明，还自认为不聪明。后者是高手，但这种高手极少。至少，大家可以跟我一样，不聪明就承认自己不聪明嘛！我们先意识自己的有限性，承认有许多事还看不透，得先照着做。我们先好好"由之"，至于"知之"，那得看机缘、看天分。

对于这点，孔子深有感慨。孔子年纪越长，越意识到有个人太厉害了。那人是谁？周公。周公制礼作乐，上自朝廷、下至万民，从出生到死亡，都给出一整套的"礼"；这"礼"只要照着做，多数人就可以活出个不错的生命状态，甚至，还能越活越有滋味。

问题是，周公到底凭什么制礼作乐？背后的原理何在？作为礼乐的集大成者，周公必然是继承于前人，而最早的建立者，到底又怎么精准地感知这些东西呢？倘使追究下去，会发现这是何其的困难；越是细想，我们就越不禁佩服，才更意识到自己的有限。

认真说来，我们哪能真正看清楚多少东西呢？就中医而言，经络到底是怎么发现的？到底怎么感觉到的？今天用最先进的仪器设备一个个去试，也无法搞明白经络的奥秘，更别说古人压根儿就没有那些仪器与设备。当时不用仪器设备，却比现代能用的一切方法更为精确，这又到底是怎么办到的呢？

这真是不可思议。今天我们有没有这样的能力？大概没有吧！因为没这样的能力，所以我们从《黄帝内经》得知经络的情况，就只能先照着做；至于背后的原理，我们又哪能知道子午流注是怎么发现的？为什么人体中十二条经脉会对应着每日的十二个时辰？为什么这时辰是肺经、那时辰是肾经？背后那个宏大的原理，我们只能保持谦卑，承认所知极其有限，确实无法了解。不是吗？

　　整个文明的过程，其实都是如此。只有极少数或被称为"圣人"、或被称为"先知"的人能够真的"知之"，绝大部分人，照着做就好了。孟子把人分成三种，一是"先知先觉"，二是"后知后觉"，更多的人，就只能是第三种人——"不知不觉"。所有的政治，都应该是由先知先觉的人来领头。如果跟孔子相比，子路、子贡应该算是后知后觉，所以他们才会搞不清楚管仲到底有什么了不起，孔门除了颜回之外，恐怕都很难称得上先知先觉。在这种情况下，如果真要投票表决，孔子、颜回这两票，是不是应该抵得过其余三千票呢？

风乎舞雩

　　子路、曾皙、冉有、公西华侍坐。子曰："以吾一日长乎尔，毋吾以也。居则曰：'不吾知也！'如或知尔，则何以哉？"子路率尔而对曰："千乘之国，摄乎大国之间，加之以师旅，因之以饥馑，由也为之，比及三年，可使有勇，且知方也。"夫子哂之。"求！尔何如？"对曰："方六七十，如五六十，求也为之，比及三年，可使足民。如其礼乐，以俟君子。""赤！尔何如？"对曰："非曰能之，愿学焉。宗庙之事，如会同，端章甫，愿为小相焉。""点！尔何如？"鼓瑟希，铿尔，舍瑟而作，对曰："异乎三子者之撰。"子曰："何伤乎？亦各言其志也。"曰："莫春者，春服既成，冠者五六人，童子六七人，浴乎沂，风乎舞雩，咏而归。"夫子喟然叹曰："吾与点也！"

——《论语·先进第十一》第25章

这是我最喜欢的一章。

画面跟"盍各言尔志"那章很接近，只是身边的弟子不太一样。上次是子路跟颜回，这次侍坐的，除子路之外，还有曾晳、冉有、公西华。孔子说"以吾一日长乎尔，毋吾以也"，我比你们就大那么几天，大家别在意呀！平时闲着没事，你们总发牢骚，说别人不了解自己的抱负；好吧，倘使今天有人了解你了、有人用你了，那么，你到底想干吗呢？

孔子话才讲完，"子路率尔而对曰"，一样的画面又出现了：子路毫不犹疑，第一个站起来就讲，后来的结果，当然也变成了第一个"中枪"。只见子路爽快地答说，一个千乘小国，被两个大国包夹，外部有战争，内部有饥馑，内忧外患；可这样的国家让我来治理，只消三年，百姓不仅"可使有勇"，"且知方也"，还人人知晓事理。结果，信心满满的子路话一讲完，"夫子哂之"，孔子啥都没说，只微微笑了一下。

孔子这么一"哂"，动作不大，杀伤力却不小。大家看"大师兄"子路回答之后如此"下场"，谁敢再说话呢？于是，没人接话，这下子冷场了。没办法，孔子只好点名弟子回答了。孔子接着就说，"求！尔何如?"冉求这个人，顾虑多，心思重，但有政治能力，是个干才。孔子首先就点了他。冉求被点后，回答道：一个小国家让我治理，只要三年，基本可以丰衣足食；至于礼乐这种根本大事，则非我能力所及，恐怕，还得另请高明（譬如，老师您）。

冉求说完，依然没人接话，于是，孔子再一次点名，"赤！尔何如？"赤就是公西华。公西华对曰，"非曰能之，愿学焉"，我不敢说能做到，但确实想学一学。学什么呢？"宗庙之事，如会同，端章甫，愿为小相焉。"在宗庙社稷的祭祀，或者国家间的会同往来，我在旁边担任一个司仪、礼宾官之类的，看一看、学一学，开开眼界，知道怎么应对进退。

大家看，这口气可是越来越小呢！

最后，重点来了——"点！尔何如？"点，就是曾皙。曾皙几乎就是因此章而成名，不只是成名，甚且还永垂青史。他还有另一个重要的身份，就是曾子（曾参）之父。父子两人性格天差地别，完全不同；在他们父子身上，最能看到遗传的有限性。

话说回来，刚刚大家讲话时，曾皙一边听着，一边鼓瑟，等老师点了他，他也没有马上停下来，而是渐渐放慢速度，"鼓瑟希，铿尔"，最后，才"舍瑟而作"，把瑟放在一边，站了起来。大概估摸着自己的想法可能太"出格"，所以曾皙开口之前，先打了个预防针，说道，"异乎三子者之撰"，我的想法跟他们三个都不一样（潜台词是："您当真要我说吗？"），孔子一听，"何伤乎？亦各言其志也"，跟他们三个不同有啥要紧？没关系吧？！反正又没有标准答案，是不？不过就是说说各人的志向罢了！

老师这么说，意思是：曾点同学，你就尽管说吧、甭顾虑了！于是曾皙就说了："莫春者，春服既成，冠者五六人，童子六七人，浴乎沂，风乎舞雩，咏而归。"在暮春时节，春服已经做好了，五六个成年人，六七个童子，"浴乎沂"，去沂水那边洗个澡，"风乎舞雩"，到祭祀的舞雩高台上吹吹风，最后，一群人边走边唱，"咏而归"。

结果，夫子喟然叹曰："吾与点也！"孔子深深叹了一口气，哎呀，我赞成曾点的志向啊！

读到这里，我想起之前薛朴和一群人在外边踢毽子。我在房里，一边工作，一边听到外面的笑声、踢毽子的声音，还有远处鹧鸪鸟"咕咕咕咕"的声音。听了一听，我忍不住抬头看了一眼，但见窗外一片绿意，有猕猴桃，还有葡萄的藤蔓垂下来。说真的，那时的画面，其实跟《论语》这一章所谈的是同一回事，我们不必去模拟孔子的生活，我们的生活里面本来就有；讲白了，也没什么，但是你就觉得很好，觉得有一种安稳、自在。

孔子言志，说"老者安之，朋友信之，少者怀之"，讲到最后，都不是一桩桩遥不可及的理想，而是就在我们身边的世界应该时时刻刻真实存在的人世风景。如今，世界战争不止，诸方角力不断，美国想方设法要围堵中国，中国则得费神周旋……外面世界的纷扰，从来就没有停止过，也不可能有一天会完全停止，可是，现在外头大家在嬉笑，薛朴在踢毽子，鹧鸪在叫，这是我们身旁随时随地出现的情景，而且，跟外面世界的纷扰并不冲突。这个很重要。儒者后来的问题是，他们总觉得外头充满危机的世界才是真实的世界，也才是唯一应该关心的世界，至于眼前的笑声、小儿踢毽子、鹧鸪在叫着的这个世界，对他们而言，完全是无关紧要的，完全可以视而不见、听而不闻的。

孔子所言"吾与点也"，是提醒我们，像子路这样伟大的理想当然了不起（只不过是太了不起），冉求也不错，公西华其实也蛮好，但是，曾点所说的，可能更真实、更平常、更时时刻刻就能出现在我们身旁。读圣贤书，所学何事？就是这个事！就是让周遭的世界能越来越多地变成更真实、更平常也更动人的样子。

什么叫作天下太平、世界大同？这就是天下太平、世界大同。

其中关键在于：当我们处在这样的情境时，有没有能力去领略？是否能够当下安然？如果不能领略，可能只是忙着看手机、忙着回邮件、忙着许许多多我们认为很重要的事；如果不能领略，说不定还会很烦：薛朴怎么这么吵？

暮春时节，"风乎舞雩，咏而归"这样的画面，孔子欣欣然向往之，提醒我们后世学子莫忘当下领略的重要性。类似的画面，在四书五经之中，哪儿会出现更多呢？答案是：《诗经》。《诗经》没有那么多微言大义，不讲什么高深道理；《诗经》简单，寻常，充满了情感，充满了生活细节，也因此，最可养人。

中国人说"诗书画印"，目前，画的价钱火热，书法不错，印也还行，独独只有诗，似乎总卖不了啥钱。可是，如果把诗给抽掉，中国文明就塌了一半。大家看看，在中国戏曲中，但凡人物出场，总会先来个定场诗；而章回小说开篇，就是一首卷头诗；整本一百二十回的《三国演义》，一开始，不就是从"滚滚长江东逝水，浪花淘尽英雄"那一首杨慎的《临江仙》起头的吗？甚至，中国人家家户户的门口，迎面而来的，也依然是首诗——对联。孔子说"兴于诗"，中国就是这么一个诗的民族，中国人的生命中不能没有诗；恰恰因为不能没有诗，所以诗变得最稀松平常，甚至不让觉得有太多价值。因此，物质的观念不太能与诗相联，所以全中国没有哪个诗人可以纯粹靠写诗过活。

诗，一直就是这样：家常，却最有分量；最根本，也最能养人。搞懂了这一点，就不难理解五经的排序：《诗》《书》《易》《礼》《春秋》，为什么《诗经》会排第一位。

许多谈传统学问的人会夸大《易经》的分量，因为《易经》高深，可以讲得玄乎乎，可以讲得让人目瞪口呆、肃然起敬。至于《诗经》，似乎就太平常了，平常到怎么讲也不容易让人特别佩服，不会被你震慑住。但是，大家前后翻翻《论语》，里面有多少次提到诗或是引用了《诗经》？而《易经》除了"加我数年，五十以学《易》，可以无大过矣"那么一句之外，孔子又到底提了几回？两相比较，孔子是更在意《诗经》还是《易经》呢？

我对伟大的东西有种本能的戒惧，总会稍稍打个问号——"真的吗？"伟大的东西都容易有假象，没有人会拿《诗经》来招摇撞骗，可是拿《易经》来招摇撞骗的神棍可多着呢！

后来的学者老喜欢讲些深奥而繁复的伟大东西，可讲多了，反而忘了到底什么才是最重要的根本。真要说最能守住这根本的，孔子之后，其实是禅宗。禅宗和尚特别敏锐，只要你偏离主题，譬如问："如何是达摩西来意？""什么是佛法大意？"和尚要么一棒打来，要么大声一喝，为什么？很简单——这关你什么事？再不然，和尚就给你一句不咸不淡的"庭前柏树子"，让你到院子里去看看柏树子，闻闻味道。因为，那才是真实的、活生生的。眼前的柏树子长得如此之好，你不闻不问，反而去关心那么遥远的东西干吗？

许多知识分子都有这种毛病，常常家里的事情不关心，老婆不正眼看，小孩也不太多理会，回到家，就一径地坐在那里忧国忧民。这种人若在禅门，早就该挨上几棒了。

恕　道

子贡问曰:"有一言而可以终身行之者乎?"子曰:"其恕乎! 己所不欲,勿施于人。"

——《论语·卫灵公第十五》第24章

子贡问孔子,有没有一句话可以让我奉行一辈子的? 孔子想了想,说,那就一个字吧! ——"恕"。

事实上,"恕"的含义不只是"己所不欲,勿施于人",只不过,孔子针对子贡的情况,强调了这一点。在我们的生命里,"恕"这个字能派上用场的地方太多太多了。记得有位朋友跟我提起,二十几年前,他在深圳所接触的台湾人,印象都很糟;可到现在,反差却很大。他很困惑,问为什么会有这个反差?

这是个好问题。

同样是他面对的这一群台商,在不同时空之下,二十几年前在深圳看，面目丑陋；可现在在深圳看，觉得好多了；尤其现在到台湾看，更觉得温厚爽朗、充满了人情味。为什么？就是因为在不同的时空。人的生命状态，本来就有很多种可能，在不同的时空下，常常会出现不同的面相；而同样一个人跟不同的人交往，也会出现不同的样子。

从这里追究，会发现一个"残酷"的事实——当你觉得旁边到处是坏人时，通常只是映现出：可能，你这个人挺有问题，甚至是挺坏的。第一，因为你坏，所以很自然用坏人的角度把别人想得很坏；第二，因为你有问题，所以身旁的人"只好"用"坏"的状态来应对你，为什么？这样子才刚刚好呀！所以，有时两个人去了同一个地方，最后对这地方的人评价完全不同，说白了，就因为这两个人完全不同。

正因如此，吉人常会有天相，好人也总会遇到好人；同样的，坏人也会老遇坏人。林谷芳老师在台湾说过，台湾人到大陆，假使第一次遇到坏人，算你倒霉；假使第二次又遇到坏人，还是倒霉；可第三次依然遇到坏人，那么，就请你回家照照镜子吧！

如果能够体会到这点，大概就是"恕"道了吧！有此"恕"道，我们会开始了解每个人生命里都有动人之处，也多少都有些难堪之处。问题是，到底你要把他哪一块给开发出来？当你看到他生命里的某些难堪，心中能清楚许多人都有此难堪、自己甚至也无法避免时，你就会不忍心过度苛责。骂人时，就会比较有保留，有点骂不下去。

二十几年前我刚到学校教书，以"认真负责"闻名，有非常强烈的责任感、道德感，又自以为学问渊博、口才辨给，在恨铁不成钢之余，每回骂起学生，总引经据典、旁征博引，随随便便就慷慨激昂地骂上半个小时，骂到后来，连自己都被自己感动了。现在回头想想，简直要命。当自己都被自己感动、实则被自己催眠之时，发现下面许多学生依旧呆若木鸡，自然会觉得更愤怒：我一片真心，都已经被自己感动了，你们竟然毫无感觉！这算啥？于是，越想越气，就继续再骂半小时！

后来我常讲，这就叫"造孽"。误人子弟，莫过于此。天底下坏掉的孩子，到底有多少是类似我这种的"好老师"所造的孽呢？我还遇过另外一种"好老师"：学生犯了错，叫来办公室，开始批评。一开始，学生还低着头受教，可老师越讲越严厉，越讲越尖刻，也越来越不留余地；而后，学生越听越不爽，就抬起头来瞪着老师。结果，老师当然更加生气：你这是什么态度?！到最后，学生翻脸，两败俱伤。

基本上，这就是"官逼民反"，把学生逼上了梁山。

假设后来我有了一点儿进步，可能就在于骂人的能力变"差"了、时间变短了；到教书的后头几年，基本骂人三分钟就骂不下去了。这不见得是口才迟钝、学问退化了，而是比较能体会一点恕道了。自己知道，再多骂几句，就过火了。后来慢慢清楚自己的有限性，从而对别人的有限性也多了一些体会，自然就会给人留一点余地；该批评的，当然还是要批评，但是，会知道要踩刹车，也踩得住刹车了。

　　孔子说，"君子其言也讱"，"讱"就是踩刹车。有些自己都未必做得到、改得了的事儿，开始会不好意思讲，更不好意思讲得理直气壮、冠冕堂皇，渐渐地，会明白很多事情我们都不容易清楚内在之隐微，局外人很难看到个中的是非曲直，就不会轻易开口。

　　"君子其言也讱"，这就是"恕"道。

如得其情

　　孟氏使阳肤为士师，问于曾子。曾子曰："上失其道，民散久矣。如得其情，则哀矜而勿喜。"

——《论语·子张十九》第19章

　　《论语》里面恕道的精神发挥得极好、极动人的，还有一位曾子。

　　孟氏派遣阳肤担任士师（就是法官），阳肤上任前，去请教曾子：接任士师这职位之后，要注意哪些事情？曾子的回答是，"上失其道，民散久矣"。这些年来，因为在上位的人失其道，"君君、臣臣、父父、子子"的位分以及礼乐的秩序都已然瓦解溃散，百姓没有受到应有的教化，变得容易逾越本分，容易做错事，所以，"如得其情，则哀矜而勿喜"。作为一个法官，审理犯人，把缘由始末查清楚后判罪，这当然是应该的；但千万别因顺利破了案，于是就高兴欢喜，甚至想庆祝一番。"哀矜而勿喜"，这时，你可能更应该持有一份哀矜之情。要知道，就某种程度而言，有些犯罪的人也是被其时代给牺牲的！如果不是因为"上失其道，民散久矣"，他们会走上这条路吗？

同样是"如得其情"，老子也讲过，"夫佳兵者，不祥之器"，"不得已而用之，恬淡为上；胜而不美，而美之者是乐杀人"；接着又说，"战胜，以丧礼处之"，打了胜仗之后，是以办丧事的心情来面对的。战争是某种程度的不得已，杀了那么多人，赢得了胜利，没什么好得意的。

每个人的处境，我们都应该尽可能地增加一点儿体会。事实上，也只能是一点儿。毕竟，我们很难完全、彻底、如实地体会。可是，当我们多体会那么一点儿时，就会知道，很多时候的确要"哀矜而勿喜"的，很多事情的确是无法苛责的。包括在家庭，许多不愉快和冲突，倘使能"如得其情"，真能体会对方状态，会突然觉得自己某些情绪的反弹、不满，乃至愤怒，往往都只是因为没"得其情"、没有真正搞清楚状况。

如实地搞清楚对方的状况，就是"恕"道。这样的"恕"道，可以应用在大大小小、里里外外的所有事情。所以孔子才跟子贡讲，"恕"这个字眼，可以让你终身奉行、一辈子受用。

把"恕"这个字再延伸一下，借用《易经》的话，就是"感而遂通"，再继续延伸，也就是《大学》里面提到的"格物"。"格物"，说白了就是"感而遂通"。以感为主，以感为出发点，格得了物之后，才会有第二层"致知"的问题。

人类文明，基本上是新石器时代女人凭直觉开创的，这是"格物"。以我们现在的角度来看，那种直觉简直是不可思议。我们无法复制，甚至都不能想象当初她们到底是凭借什么，去感觉到、开创出那么多东西的。某种程度上，只能够说是天意，或者说，是上天给了这个机缘。女人凭着直觉开创文明之后，男人再将之理论化。因为理论化的需要，所以才发明了文字。换言之，早先文明的开创，都是在文字之前；因为在开创的时候，是凭直感。凭直觉，就不需要文字。

文字的好处，是可以理论化，可以做"致知"的工作。一旦能理论化，就可以把直觉的东西说出个所以然来；能说出所以然，人就不再只是"可使由之"，进而还可以"使知之"了。虽说如此，"致知"却有个根本的缺点：一不小心，就会陷入理论之中而难以自拔，最后忘掉当初的根本是直觉、当初的原点是"感"。换句话说，"致知"久了，常会把"格物"给忘了。正因这个陷阱，喜欢讲理论的人最容易异化；他们平日议论不休、滔滔不绝，可面对现实世界，却往往最麻木无感。

正因如此，某些特别喜欢讲学问、整天天下国家的人，对于"莫春者，风乎舞雩"，常常是不在意的。"风乎舞雩"为什么重要？因为那是"感"，那是文明的最根本。后世儒者花了太多心思于天下国家这些伟大的事情上，对于眼前暮春时节的种种风光多半是漠然无感；他们又用了太多道德标准去评断孰是孰非，对人却也少了一种根柢的体谅。那种体谅，就是能觉察到对方状态的"感"。当我们少了"感"而直接用抽象的理论、道德去评价人时，这些似乎都对也都好像讲得通的种种说法就会把我们搞得越来越没人味儿。所谓没人味儿，就是"感"被抽掉了。

"恕道"就是从恢复我们该有的"感"开始，进而"感而遂通"。所谓修行，无非就是要一步步修到"感而遂通"。倘使能比较准确、如实地去感觉到别人的好与坏、限制与不足，以及诸多的不得不然，这时，你的"恕道"就会自然而然地生起。

真正的"恕道"，还是要回到近前之事，回到生活周遭，回到身旁最亲近的人。譬如，家里的另一半，很可能就是我们体察的最重要对象；我们不少人会在对方身上感受到很多的不适应与不舒服，这些不适应与不舒服，本质上，是源于彼此的感通出了问题；而更本质上，则是源于自己对对方的感通出了问题。只不过，我们通常会倒果为因，我们不愿承认自己的感通有问题，只会自哀自怜，觉得"我们在一起这么久了，你却还是这么不了解我?!"满腔哀怨、一脸委屈。

可说到底，问题其实还是在自己。

正因如此，跟"恕道"相配套的，就必然是孔子不断强调的"反求诸己"。"不患人之不己知，患不知人也"，只有反求诸己，才可能"恕"得起来。平日看别人不顺眼时，还是不妨照照镜子，回过头，也看看自己。

修行是什么？不过就是如实地看到自己！

我们之所以无法如实地看到自己，是因为会把自己美化、合理化，甚至是悲情化。修行的第一件事情，无非是先接受自己的种种限制与不足，有时还不妨"涮涮"自己、调侃一番。总之，重点是"不闪不躲"。只有我们"愿意"看到自己，才"能"真正看到自己。这是起点，没有这一点，入不了真正的修行之门。

整个中国的学问与修行，"反求诸己"都是基本功，也都是究竟法。只不过，真正的"反求诸己"必须是不落爱憎，别变成了过度责备自己；倘使过度自责，就好比当年蒋介石每天在日记里痛骂自己一样，这当然是误入歧途。事实上，偶尔有点自责，当然可以，但别太多；

一旦自责太深，又会陷入另外的魔道。这一陷，恐怕更难以自拔。

"反求诸己"，是如实地"看到"自己的局限与不足；"看到"了，然后呢？就暂时"别管它"。所谓"别管它"，不是真的完全不管，而是不落于后悔、懊恼，也无须过多的自责。这样地如实"看到"，看似无用，可当你一次、两次、三次、无数次，都心平气和地看到它时，慢慢的，它会被我们身上的某种能量转化，甚至，就不见了。事实上，当你看着毛病在那儿却不带情绪，也没啥自责时，如此清宁的状态，就有一种中医所说的扶正的能量。扶正，自然能祛邪。不必每天盯着那邪，盯多了、盯紧了，反而会产生很多副作用。

教育孩子也是一样。孩子可以提醒一下、点一下，但别动不动就想改造他。不持改造之念，并不意味着姑息，也不意味着放纵，而是因为我们深知即使作为成人的我们想改变自己都是何等的困难，于是心中才会生出最起码的恕道，于是我们也才知道：不能急啊！一旦知道急不来，就不容易产生不必要的情绪，不会轻易去责备："我已经讲了那么多次，为什么你永远都改不了？！"

事实上，恰恰是因为"讲了那么多次"，才会"永远都改不了"；讲越多次，只会越改不了。凡事适可而止。一件事讲太多次，只会起反效果。中国人的"事不过三"，是有大智慧的。刘备去找孔明，就是三次。若过了三次，可能刘备就不去了。如果第四次还去，那除了刘备貌似很有"诚意"之外，也可能说明刘备其实就是个强迫症患者；面对这种强迫症患者，估计诸葛亮也不会答应的，因为将来相处，肯定会很痛苦的。偶像剧里，一个男生向女生示爱，接连三次，女生都不理会，可这个男生仍然继续第四次、第五次、第六次……，"锲而不舍""百折不挠"，非要感动她不可。结果女生觉得这人很有"诚意"，于是就接受了。看了这种"感人"的故事，我不禁会好奇：在真实世界中，像故事里女主角这样的人，最后有几个会有好结果？毕竟，这种男生太偏执，可能有某种强迫症的。偏执的人很难处，尤其是男人；偏执的男人通常是天下最大的乱源。

所以，我们不妨恢复老祖宗的美德，凡事"事不过三"。

反过来讲，如果我们是那个接受者的角色，被别人四次、五次地批评说教，我们怎么转化，怎么活出一个比较好的状态呢？

这时就得看看这里所谓的"别人"到底是什么人。有些人不妨敲打一下，有些人可以默然以对，有些人不妨对他傻笑，有些人则应该置若罔闻。可如果是自己的父母，那就另当别论。

前面跟大家提过，2014年春天我父亲生了一场大病，那一年，每回我带他去看中医，总要被他一路数落、叨念，有时，话还讲得真不太好听。你说，这时怎么办、怎么转化呢？很简单，他是父亲嘛，我被他讲其实是应该的。我知道他身体状态这个样子，很容易情绪不稳，所以就让他讲，让他把情绪发泄出来。如果我心里委屈，觉得"我那么辛苦带你看病，你还这样子讲个不停"，那我就完了。那是我搞不清楚自己的位置、搞不清楚自己的状态，也没有搞清楚父亲的真实状态。

平时，我们可以要求自己"事不过三"，但遇到父母对你"过三"时，我们多半只能更加体谅：每个人都有局限，尤其是老人家。孔子说，面对父母，我们只能"几谏"。"几"就是见机行事，我们只能抓住合适的时机来劝谏。

说起我父亲那次康复的过程，最关键的，是我母亲任劳任怨地照顾。在父亲病情最严重时，母亲几乎是用哄小孩的口吻在照顾他，完全是无微不至。可在几个月之后，当父亲已然慢慢康复，母亲却没调整过来，还停留在早先最严重时那种哄小孩的状态，父亲当然不耐烦，觉得受不了，就常常骂人。母亲感到委屈，几次讲着讲着，就不禁哽咽。有一次我就跟父亲稍微提了一下，母亲照顾您如此辛苦，您也不能老骂她呀！

2014年中秋，高中的老同学来我家，一进门，还没坐定，就问，伯父有没有好一点？趁这个机会，我就"几谏"了一下。我说，有啊，现在进步很多；父亲刚中风时，我妈讲话，他连说都不想说（因为他中风之后有语言障碍）；现在不仅会跟我妈说话，还会骂人呢！我妈急忙笑着说：没有啦，没有啦，现在（他）不太会（骂人）了！

原则上，就这样：如果你在父母面前觉得有一点委屈，恰恰是个很好的锻炼机会。不过，这锻炼也要有个"度"，别到曾子那样"愚孝"的程度。曾子年轻时，非常孝顺，孝顺到匪夷所思：有次在田里被父亲用大棒打，也不知道跑，就乖乖地挨着！被打得昏迷了片晌，等醒过来，赶紧回到房间故意大声地弹琴，好让父亲知道：我没事，您放心！随后，这事就被曾子的同学当成美谈传到孔子那儿。孔子一听，大怒，当下就让人传话叫曾子从此以后别再来了，他哪有这么死脑筋、要陷父亲于不义的学生？！

我讲过，要把小孩教好，但千万别把小孩教傻。现在大陆国学热下，某些特别极端的读经学堂，稍不小心，就会把小孩教傻。

除了上述这种极端的例子之外，其实，曾子还是非常了不起的，他的诚挚、认真与厚实，都让后人思之不尽，树立了一种令人仰望的人格典范。不过，曾子的过度认真，的确和他父亲曾点在"感"之上颇有差异。曾点离诗近，曾子离诗远。后代受曾子影响较深的儒者，多半也都不太有诗意。

曾子极度认真，可是，诗首先就是不能过度认真。韩愈的诗句，"草色遥看近却无"，在这种若有似无、清楚与不清楚的边沿界际中，才会有诗。诗虽说不清楚，可大家却能感觉得到，诗主"感"。后世的儒者道德、学问谈得太多，"感"这层就轻忽了。

现在学校教育的最核心问题也同样在"感"。只不过，以前儒者是轻忽了"感"而谈太多的道德与学问，而现在受西方影响的教育，则是一开始就跳过了"感"而直接在"知"的层次打转。所以当孩子的知识越多，就越可能变成他生命的障碍与负担。现在小孩所接受的知识量之大，可算空前，从来没有一个时代像现在那么小的孩子就普遍拥有那么大的知识量。可是，偏偏他们又特别"白目"、对事物特别的无感，这就造就了他们生命最根柢的扭曲。

这种"感""知"的失调，使得一些人甚至在学"感"的事物上也同样出现问题。譬如，许多专业在学钢琴的孩子，一个个自幼开始，每天都至少得埋头苦练八小时。这种学法，被视为不输在起跑线、被视为扎下深厚的童子功，可其实，是把小孩给毁掉了。我当然承认小孩将来有可能会成为所谓的成功人士，会变成一个杰出的钢琴家，可是，他的生命状态呢？大家应该看过莫扎特的故事吧！事实上，有多少所谓伟大的音乐家也是如此呢！大音乐家能够生命状态健全的，如果借用孟子的话说——"几希！"还真没几个。一个小孩没有活泼泼的生活、没有生命实感、只剩下训练时，最后还能够身心健全的，真是没几个。当他身心不健全了，而后所谓"伟大"的什么家，到底又有什么意义呢？

人活着，不是为了那些抽象的"伟大"的事儿；这种种的"伟大"，不论是治国平天下或是成为什么家，就本质而言，都与生命有隔，都不真切。真切的东西是什么？"风乎舞雩"，就是真的。真切的东西是什么？当下我们与人的相处，回家面对父母、妻小，这也统统是真的。只有体会到这些真切，再慢慢往外扩充，进而体会更大的世界，这才是儒家最基本的原理。但凡真切，就不单单是理论，也不单单是学问，甚至，也不是空洞的"仁义礼智信"。

"仁义礼智信"这些字眼，刚开始是好的，可再好的东西，如果讲个几年、几十年，就会面临陈腐的危险，这时就得考虑该换个词了。为什么要换？就是要重新找到词后面原来那个新鲜、活泼泼的"感"。一个字眼用久了，我们会习以为常，讲得太顺、太滑了，再好的话都会失去原有的真实感，就会变成陈腔滥调。"仁义礼智信"是好东西，但一旦变成陈腔滥调，我们就得暂时搁着，偶尔用一下无妨，但别老挂在嘴边。最好的情况，是用我们当代的语汇，把"仁义礼智信"后面的生命感重新转化，用另外一个新的字眼，再把它体现出来。

任何时代都应该有新的语言，可根本的精神，却是永远不变的；"万变"一定要"不离其宗"，这很重要。因此，中国文明必须要建立在尊重传统、继承传统上，典籍得读，可每一代人都得再翻出当下的新意。怎么翻？只要一方面立足经典，一方面又踩得稳生活、接得了地气，自然就可以用时代的新语说出万古不变的东西。

当下，我们只能根据每一个当下的状态而定。中国的东西，讲究一个"机"字，都只能是当下对应。

也正因如此，我常说，中国学问从来就不是西方意义下的"客观"学问，关键就在于中国学问必须在每一个当下酝酿、生长而出。有次我去贵州的孔学堂讲座，事先主办方要PPT；我说，我讲课不用PPT。一般说来，讲课者分两种：一是没有PPT就没办法讲课；另一种则是有了PPT就不会讲课。我属于后者。二者的差别在哪儿呢？如果，课程内容是结构式的、知识性的东西，那么，就应该有PPT。可是，如果讲的是生命性的东西，是生长式的，那么，就不适合用PPT。因为，PPT通常会妨碍生长，会把讲课的可能状态给局限住，进而阻碍了随时应机而出的生命感与流动感。

就本质而言，中国的学问都是生命的学问，都一定要跟修行相结合。在中国人看来，一个没啥体悟、没啥修为的人大谈学问，这学问是有问题的。如果用佛教的话来说，那种学问叫作"戏论"。中国学问首先就是要永绝戏论。这种永绝戏论的中国学问通常随着年龄的增长、阅历的积累，但凡修行得法，就会不断有层层的转进；六十岁可以比五十岁有学问，七十岁学问也会比六十岁圆熟。这学问的圆熟，用传统的话来说，就是更加"通透"。如果够"通透"，自然会知道当下该做什么；如果够"通透"，自然有办法用时代的新语来说出万古不变的东西。

兴于诗

子曰：“兴于《诗》，立于礼，成于乐。”

——《论语·泰伯第八》第8章

这一章，我们专谈"兴于《诗》"这三个字。

首先，诗是让人"兴"的。那么，什么是"兴"？

中国人是个诗歌的民族，可西方人同样也重视诗。但是，中、西方的诗却有着根本的差异——西方的诗特色是：读着读着，会有很强烈的情感振动；不论是爱恨情仇还是大喜大悲，乃至人生的困境与无奈，但凡情感越浓烈，通常就意味着诗歌越动人。换言之，西方的诗，情的成分很重。但中国的诗不一样。中国档次较高的诗，情感多不浓烈，甚至很淡，乃至还读不出有啥情绪。李白的"床前明月光，疑是地上霜；举头望明月，低头思故乡"，当然有思乡之情，可就是淡。至于王维的"人闲桂花落，夜静春山空；月出惊山鸟，时鸣春涧中"则是一点儿情绪都没有，但大家可知这首《鸟鸣涧》在中国诗歌史上的地位有多高?!

简单地说，中国诗最好的状态，是在情绪之前。不是没有情绪，而是在情绪之前。

中国人常常讲"感情"二字，"感情""感情"，其实，"感"和"情"不太一样。"感"在先，"情"在后。面对所有的事物，人必然要有"感"，可一旦"感"落入了"情"，产生七情六欲，只要没拿捏好、失了度，就会变成烦恼的根源。情若是失衡，或者过于浓烈，甚至会成为疾病的病灶。所以，"感"要丰富，但"情"得收敛。

可正常情况下，有"感"之后，通常都会落入"情"。这时还得靠些功夫来克制自己，尽可能别陷于情中而无法自拔。如果用传统的词儿，这种无法自拔就叫作"陷溺"。在中国人的世界里，再好的东西，但凡陷溺，都不是好事儿。

我们比较过中国文明与日本文明。日本文明基本上是情的文明，偏女性特色。女性跟男性相比，有个很大的好处：女人善感，男人则容易处于无感的状态。可任何事有利就有弊，女人的善感，也可能不小心就陷进情里而难以自拔。所以，倘使男人有什么可以值得佩服的地方，无非就是在某些关键时刻较女人更不容易在情里面纠葛不清。日本文明容易陷在不必要的情绪中，包括美感。日本的东西很美、很细致，有时会让人觉得美得不得了，甚至是美得过分了。正因会深陷于美而无法自拔，所以日本人为什么会那么崇尚樱花美学？就是有着"要在最美的时候坠落"这样的执念。

日本人这种对美的执念，中国人其实不太能够理解。论美感，我们真没办法弄到日本人那么细腻、那么极致。可是，中国人有种美感却是日本人达不到的——介于美与不美之间的那种美感。

介于美跟不美之间，其实，就是在美之前，也在美之上了。

中国的绘画正是介于美跟不美之间，同样的，中国的诗歌也是介于情与不情之间。因为介于情与不情之间，所以中国的诗歌不容易有情绪的黏滞；因为介于情与不情之间，所以中国的诗歌讲究气象；诗歌只要大气，就是一片清旷，没啥情不情的。换句话说，中国诗的重点在"感"，而非"情"，更多侧重于"情"之前。即使写"情"，也要能出能入，时时刻刻跳脱得出来。所以中国的诗但凡写到缠绵悱恻、让人觉得情绪极浓极烈的，通常都不是档次最高的。

正因如此，李清照的词很感人，李商隐的诗很缠绵，可历来诗家都不以为最高，因为，情绪太浓烈了。在中国人看来，过于浓烈的情绪不是一桩太好的事儿，甚至在某种程度上，还隐隐然感觉到有种巫魇、有种不祥。只要是令人陷溺到难以自拔的，中国人都觉得是不祥之物。大家看宋徽宗的画，那可真是美得不得了；但在中国美术史上，大家却从来不觉得宋徽宗的画是档次最高的。因为，他的美有一种陷溺。

什么叫"兴于《诗》"？就是读了中国典型的好诗歌之后，人不会陷溺，可以处在"兴"的状态。换句话说，读诗之后心境可以在所有的情之前，也可以在所有的情之上。回想一下，我们每天有许许多多的喜怒哀乐，而在喜怒哀乐之前，又是什么状态？那是一种完全"心中无事"的状态。"心中无事"，是中国诗最高的境界，也是中国人修行的最高境界。所以，中国的诗可以跟修行成为一体，修行的人也可以写出最好的诗。"始随芳草去，又逐落花回"，这是禅宗和尚长沙景岑的诗句；"掬水月在手，弄花香满衣"，这也是《虚堂录》里禅宗和尚的诗句。这些禅宗和尚写的诗，都好得不得了。

事实上，倘使昨天你才被某事搞得很烦，可今天无意间读了"人闲桂花落，夜静春山空""掬水月在手，弄花香满衣"这样的诗句，忽地烦恼一消，顿觉清清爽爽、心旷神怡，这种状态，就是"心中无事"。这样的"心中无事"，恰恰就是接下来做事的最好状态；心里没杂质，做啥都清爽、有劲头、有意思，至于到底具体要做什么，其实也未必清楚，可大方向有了，对于未来也隐隐然有种好感，感觉有一股气，精神昂扬。又譬如读《诗经》前面的开篇"关关雎鸠，在河之洲""桃之夭夭，灼灼其华"，看似与后头的"君子好逑""之子于归"全不相干，但正是这不相干，才光景无穷，如风吹花开，眼前忽然有了一片新亮，这就是"兴"。

"兴"不太好讲清楚，也不太能说明白，但是，只要人平和了、心情变好了，渐渐有种明亮感，看这世界也慢慢变得顺眼了，大概，这就是"兴"了！世人皆言修行，可修了半天，到底在修什么？我想，应该就是修这么一个"兴"字吧！

孔子之所以讲"兴于《诗》"，正因为中国的诗歌提供了"兴"的可能。《中庸》有一段话说，"喜怒哀乐之未发，谓之中"，喜怒哀乐还没有发的那个状态，叫作"中"。这里的"中"，就近于"兴"。接下来，《中庸》又说，"发而皆中节，谓之和"，人不可能永远在没有情绪的状态，还是得做事、得与人应对，因此，喜怒哀乐还必须得"发"。那么，所有的喜怒哀乐如何"发"得精准、"发"得到位呢？又如何"发"得干净利落、毫不拖泥带水呢？这就是大本事了。事实上，只有常常能居"中"，或者能时时回到"中"，才有办法"和"得了。

所谓"居'中'"，是一开始就在"中"的状态，心平气和、气定神闲，啥事都没有。至于"时时回到'中'"，则是事情发生了，喜怒哀乐已经"发"了，可这"发"却未必能"皆中节"，如此一来，"和"不了，就只好回过头来，调调息、定定神，或者看看山、望望海，又或者读读"人闲桂花落，夜静春山空""掬水月在手，弄花香满衣"这样的诗。

总之，透过这种种的功夫，我们可以又重新回到"中"。人为什么要修行？就是修这个"中"，修这个"喜怒哀乐之未发"，修到心中无事。禅宗的诗句，"风定花犹落，鸟鸣山更幽"，在中国人的修行里，花香鸟语、山河大地，都可以是修行的一部分。这是中国文化的特色。所谓"天人合一"，也可以从这个角度看。循着这个角度，假使有某段时间啥事都不干，专心去闭关、去修炼，那当然好；可更多时候，修行其实跟生活可以是打成一片、融为一体的。

天地之始

　　"心中无事"的状态，如果扩而充之，到了更高的火候，大概就是张良与刘邦的境界了！张良不论何时，都一派气定神闲，那就是"心中无事"；而刘邦输了就输了，输得再惨、再狼狈，都"不过一败"，那也是"心中无事"。可换成是项羽输了，就无颜见江东父老，就被重重笼罩的万千情绪给彻底绑架了。所以，"心中无事"既是内圣的法门，也可以是外王的一大关键，这其实是中国最重要的"内圣外王"之道。刘邦、张良这种人能成大事，就是老子所说的"以无事取天下"。

　　换句话说，只有"心中无事"的人，才真正办得了大事。所以，《诗经》为什么是五经之首呢？不正因为借由诗歌能让人有所感，又不落于情，能"兴于《诗》"，于是培养了那种"无事"的状态，于是让人找回生命原初的元气与新鲜；而这种元气与新鲜，正是立身行事的根本！

　　大家慢慢抓到"兴于《诗》"的感觉之后，不妨回头说说我第一本书的书名——《天地之始》。天地之始，就是回到一开始、回到最源头。中国历朝历代的兴衰，之所以一治一乱、一乱又能一治，之所以合久必分、分久又能必合，正因为中国文明有一种周而复始、回到天地之始的自我清理能力。这样的自我清理能力每每发生在朝代末期的天下大乱，英雄豪杰乘势而起，集体无意识地把中国文明推回到天地之始的状态。这样地推回到天地之始，有点像道家的辟谷；辟谷就是借由自我清理，让人回到更早也更该有的生命状态。

　　天下大乱之际，这些乘势而起的英雄豪杰多半是一些无文甚至是鲁莽的人，可是，偏偏就因为他们的无文乃至鲁莽，所以才开启得了一个新时代。这新开启的时代，常常有种很特殊的朝气。这朝气，就是"兴"。

　　人有生老病死，朝代也一定会由兴而衰。事物一旦成熟，就意味着要出问题了；果子熟透了，也意味着即将腐烂了。中国历史之所以由兴而衰的过程中最后总是能振衰起敝、屡仆屡起，就是因为有一股"破"的力量。这股"破"的力量，一方面，导致了由兴而衰、由衰而亡；可另一方面，在走向衰亡的过程，也产生了某种新生的可能。换言之，这股"破"的力量，最后把衰亡也给"破"了。后面的这个"破"，就通于"兴"。

破的时候，通常是坏的东西破，好的东西也破，这无所谓。我们别觉得只能破掉坏的东西，而不能破好的东西。不论人们再怎么不舍，某些好东西被破掉，说到底，就是"天意"，是不随人的意志而移转的。倘使真破了，那就破了；人不能太小气、太黏滞。只要那个与"破"相通的"兴"的力量在，自然又能生出好东西。即便是破，都可以是件好事。

这一点也是中国与日本的文化差异。中国文化中最能掌握由"破"至"兴"的，其实还是黄老；而日本人与黄老有隔，因此始终掌握不了这由"破"至"兴"。日本人的个性是，看到一个好的东西，就想尽办法来保存它。所以，唐代的建筑至今都还在那儿，都保存得好好的。至于我们中国人，面对破坏，虽然多少会有点可惜；可真没了，也就算了。中国人一向都有这样的豁达。

日本人的好处，是能把事物保存得非常完好，但坏处，恰恰也是保存得太过完好。换句话说，日本人的保存之心太强。譬如，他们的礼。中国人头一次去日本的，尤其到京都、奈良，看了他们的应对进退，常常会觉得：我们是不是变成了蛮夷之邦？跟日本人相比，我们简直粗俗无礼得很。可是，如果再仔细观察，会发现日本人的礼虽然好，但对礼确实有种过度的执念；单单就为了礼，常常会搞得非常纠结。譬如写信该用什么抬头、该用什么敬语；又譬如与不同等级的人见面该送啥样的礼物……最后把自己弄得异常别扭。有礼，当然好；可在意过度，搞到纠结别扭，那就不是啥好事了。日本人的繁文缛节，中国人多少会觉得太过了。日本人对于美、对于礼，都有一种强大的执念。总之，日本人对于好的东西善于保存，却缺乏一种"破"的气魄。对中国人而言，破了就破了；关键只在于那个与"破"相通的"兴"到底在还是不在。

像刘邦那样一个大老粗，建了新朝，担心繁文缛节种种的麻烦与折腾，于是把秦代的朝仪都给废了。可后来在朝堂上，功臣喝了酒，胡闹撒野，连个起码的样儿也没有。这下子刘邦看了觉得不对劲，叔孙通趁机就建立了一套朝仪。这套朝仪，肯定不会复制周代的繁文缛节，也不会等同于秦制；可叔孙通这么一建立，立刻又让大汉朝廷威仪齐整、庄严具备。这说明了一件事，只要有那个"兴"在，"破"与"立"，其实也就一线之间。

前些年我参加了一个国际礼学会议，看到清华大学礼学研究中心动用了大量的人力、物力把十三经里的《仪礼》做了某种程度的复原，用动画的方式让我们看到周人所有来往应对的礼仪细节。这个工作当然有其价值，可假使太过当真，真要照着《仪礼》的细节亦步亦趋，恐怕就是胶柱鼓瑟了。事实上，今天我们再看《仪礼》，取其精神即可。否则，就像我们现在看那些穿汉服的人，怎么看，怎么怪。所谓汉服，只要抓住精神，必然要配合着每个时代的特点而样式有所更迭变化。谈传统文化，不要有那种呆气。儒生很容易有呆气。

为君难，为臣不易

定公问："一言而可以兴邦，有诸？"孔子对曰："言不可以若是其几也！人之言曰：'为君难，为臣不易。'如知为君之难也，不几乎一言而兴邦乎？"曰："一言而丧邦，有诸？"孔子对曰："言不可以若是其几也！人之言曰：'予无乐乎为君，唯其言而莫予违也。'如其善而莫之违也，不亦善乎？如不善而莫之违也，不几乎一言而丧邦乎？"

——《论语·子路第十三》第15章

鲁定公问孔子，有没有哪一句话就足以兴邦呢？

两千多年前的中国人也有"偷懒"的倾向，总希望有个明白人能给他一句话，武功秘籍似的，就搞定了一切。这是中国人的好处，也是中国人的缺点。中国文明不会把问题复杂化，一向崇尚简易，所以，中国人说"大道至简"。中国人吃饭为啥不像西方人动刀动叉？因为，一双筷子就搞定了，何必把事情弄得那么复杂？也正因为深信"大道至简"，所以常常有人会求颗万灵丹，问道："你能不能给我一句话，……"事实上，有些话在特定时空下确实可能有这样的能量。可是，这毕竟也只能在特定时空下才得以成立。更多的时候，这样一概而论，当然会成为一种思维的惯性，最后可能就治丝益棼，甚至是误入歧途。要知道，过度紧抓一个东西，就容易忽略生命状态的丰富性和复杂性。所以，一开始孔子就得先打住、稍稍纠正了一下鲁定公，"言不可以若是其几也"，有那么神的一句话吗？不可能呀！

先打住，后松口，可孔老夫子该说的，最后还是会说；于是，虽然"言不可以若是其几也"，但我听人言道，"为君难，为臣不易"，这话倒是有些意思；倘使君臣上下都能够知道为君有多么难、为臣又有多么不容易，相互体谅、相互理解，"不几乎一言而兴邦乎？"凭这句话，不几乎就可以一言兴邦了吗？

鲁定公又继续问道，"一言而丧邦，有诸？"孔子仍是同样的回答，"言不可以若是其几也"，哪有一句话能那么神的？不可能吧！孔子再推了鲁定公一把，接着又拉了回来，"有人这么说：当个君主，其实也没啥快乐；真要说快乐，恐怕就是我说的话没人敢违背吧！"孔子继续引申，"一个君主讲的话，如果全是对的、善的，那么，没有人违背你，当然是好。可万一（其实不是'万一'，而是'经常'），你讲的东西不全对、不全善，却没有任何人敢违背你，那么，你不就完了吗?!"所以，"不几乎一言而丧邦乎?"

这章的重点，就是"为君难，为臣不易"七个字。为君与为臣，必须同时并举。不管是为君还是为臣，都得学会如实地感受到对方的难处。作为一个君主，对于自己有多难，当然点滴在心头；可如果能真切地体会到臣子的种种不容易，那几乎就会是个明君了。反过来说，作为臣子，能够知道君主在其位必然会有的诸多挑战与艰辛，那么，这个臣子离"公忠体国"四字，也就庶几近矣。

顺着孔子这七个字，我们不妨举一反三，也可以对大家说，"为领导难，为部属不易"；当领导的，多去体会下属的难处；而当部属的，也多去揣摩领导的诸多不易吧！如此跳出一己的自我中心，才会有真正的修行可言。同样的，我们是不是也可以对着已经结婚的人说，"为夫难，为妻不易"呢?

于是乎，我们又想起了那一段熟悉的对话，"子贡问曰：'有一言而可以终身行之者乎?'子曰：'其恕乎!'"

是的，万变不离其宗，我们又回到前面反复强调的

"恕道"，又回到"感而遂通"。孔子说"为君难，为臣不易"七字，就是境界很高的"恕道"，也是级别极高的"感而遂通"。刘邦凭什么能一统天下呢？就凭着"感而遂通"。他能够感通别人的状态，所以身边的人就服他。让别人服，有两种方式：一是以力服人，譬如项羽，谁敢跟项羽对着干，就等于是找死，项羽之力，"力拔山兮气盖世"，有谁敢不服？另外一种，则是以德服人，刘邦就是以德服人。当然，我这么说，肯定有很多人要跳脚的，毕竟，刘邦的形象太差了，哪来什么"德"呢？可事实上，"以德服人"这个词是被后代的纯儒给绑架了，他们口中的"德"，太窄、太隘，似乎只有不苟言笑、极认真、极严肃的所谓仁义道德才叫作"德"。"德"当然不只如此。

那么，到底什么是"德"呢？简单地说，"道德""道德"，在天为"道"，在人为"德"；顺乎天道的，就是有德之人。孔子说，"天何言哉？"一个人能自自然然、如上天那样大化无形，就是个有德之人。"以德服人"是不借由力，也不借着言语论辩，单单凭着人格特质、"感而遂通"，让大家心悦诚服。最高的一种德，是没有所谓伦理道德的形象，大家却很自然地服他，愿意跟他亲近，愿意为他所用。这种人可能外表粗鲁无礼，看似一堆毛病，可是大家就是服他，就是甘心听他差遣。刘邦就是这样"以德服人"的王者。

我曾受秋风（本名姚中秋）兄之邀，到中国人民大学讲座，讲《中国人的生命气象》，提起了王者气象。座中有教授问，历史上谁人可称得上"王者"？我说，头一个就是刘邦。我这么说，这位教授当然不以为然。事后他在微博上批评，至少，东汉光武帝刘秀的档次就比刘邦高得多。刘秀儒生出身，当皇帝之后又鼓励儒学，以至于东汉末年太学大盛，鼎盛时竟多达三万人。

他说的，当然没错。站在儒家的立场，揄扬刘秀，瞧不起刘邦，也很正常。只不过，儒家虽说重要、虽说是中华民族的大根大本，可一旦变成一枝独秀，唯尊儒家，不论是早先的东汉，还是后来的宋明清，总之，都不是个大气象的时代。东汉儒学的极度兴盛以及太学生人数的登峰造极，是好是坏，其实都不好说。大家知道，正因为太学的极度兴盛，直接导致了东汉后期严重的"党锢之祸"。当士人与太学生一个个自认为是"清流"，将实际参与政治的人鄙夷为"浊流"之时，这种"清议"的姿态越高，士人与朝廷潜藏的对抗能量就越大，到最后，"党锢之祸"就在所难免了。事实上，只要是儒家过度兴盛的时代，读书人炽烈的使命感加上经常可见的自视甚高，就会竞相标榜为"清流"，然后再把身处的世界说得一文不值，进而激烈批评，不知不觉中，再一转转为攻讦；这么一来，真能解决问题吗？当"讦以为直"越来越普遍的时候，世局的对抗与混乱就必然要愈演愈烈了。

最好的状态，是不标榜。

当然，世上有一些比较"清"的人，肯定是件好事；这种人值得尊敬，也为后世立下了人格楷模。可即便如此，"清"仍不宜过度标榜，所谓"清流"的人数也不宜太多。历史上最著名的"清流"是谁？是"义不食周粟"的伯夷、叔齐，后来连孔子、孟子都佩服他们。当初伯夷、叔齐觉得周武王起兵伐纣不过是以暴易暴、用一个不义去取代另一个不义，于是"叩马而谏"，在劝阻无效、周也灭了殷之后，二人便隐于首阳山，拒绝吃周朝的粮食，最后活活饿死。

这种气节，当然了不起。

可是，后世的儒生面对伯夷、叔齐，却有种根本的矛盾——一方面，他们极力推崇伯夷、叔齐；可另一方面，又标榜夏、商、周所谓"三代"才是最好的时代，自秦汉以后，即使汉祖、唐宗，皆不足为道；用朱熹的话说，自周以后到他身处的南宋，"千五百年之间"，都是"架漏牵补过了时日"，他的结论是，"尧、舜、三王、周公、孔子所传之道，未尝一日得行于天地之间也"。

朱熹所说的"三王"，当然就是夏、商、周。可是，周朝不正是伯夷、叔齐所鄙弃的那位周武王所建立的吗？西周开始的几百年，是个好时代，是个历史上极被赞叹的时代，再挑剔的儒生似乎都没啥话可讲。可是，这么好的时代，伯夷、叔齐却又不屑到宁可饿死也不愿意苟活其中。这里头，是不是有种根本的错乱?! 到底是后代读史的人全都高估了西周呢，还是伯夷、叔齐被某些道德感给冲昏了头？伯夷、叔齐当然人品"高尚"，可他们人品后头的道德标准是不是也"高"到与现实完全脱节了呢？

正因为这种脱离现实的道德感，宋明之后以朱熹为代表的儒生才会一方面标举伯夷、叔齐，一方面又标举夏、商、周，而另一方面又永远感叹"尧、舜、三王、周公、孔子所传之道，未尝一日得行于天地之间也"。对他们而言，现实始终背离着他们的理想与道德，因此，他们总觉得生不逢时，总觉得天下无道。当他们不断说"道""未尝一日得行于天地之间"时，就意味着他们对现实始终有深深的愤懑与不屑。

于是，他们一直瞧不起刘邦。可问题是，刘邦所开创的汉朝，直到王莽篡位之前，除了土地兼并的问题比较严重之外，整体而言，那两百年间社会的稳定、百姓生活的祥和、整体的国势与每个百姓生命状态的质朴与大气，其实都很少有时代可以超越。如果连这样的两百年他们都看不上眼，那么，他们又该活在什么样的时代？倘使这两百年的太平盛世他们能够认可，这样的盛世又到底从何而来？这跟刘邦完全没关系、是天上掉下来的吗？这两百年的太平盛世跟儒生们到底又有多大的关联呢？事实上，儒生再怎么大言炎炎、自我标榜，真要说有决定性的影响力，终究也得等汉武帝罢黜百家、独尊儒术以后了，而这时的汉朝太平基础，不是早已打下了吗？

儒者责任感深，是好事；可因责任感太深，变成了自视过高，那就不是好事了。后世某些儒者过于自大，总认为倘使有机会让他们行"道"于天下，天下一定就怎么样又怎么样。说实话，这有点好笑。儒者虽说重要，但真实的分量，却远远不到他们所标榜的那个地步。因为自视过高，所以面对王者时，儒者就容易显现出一种轻慢和自大。常常只因他这样的"大才"没受到重用，几乎就可以代换成"天下无道"；又只要他受到重用，这个世界马上又如何的不一样。正因如此，读书人容易酸。别的不说，我们读《孟子》，孟子就觉得只要齐王重用他，管仲、晏婴算什么呢？口气之大，实在令人费解。孟子真有这么大的本事吗？儒生掌政，天下当真就能澄清吗？真让一个儒者放手去干，不是只当个国师，甚至也不只是当个宰相，而是直接当皇帝，最后结果又会如何？历史上确实出现过这样的人，他就是王莽。王莽是一个儒生，也是一个理想主义者，后来放手大干了一场，最后结果呢？

后世的儒生，常常一如刘备临终前交代诸葛亮时评价马谡的四个字，"言过其实"。在谈理想、说怀抱之时，不太能意识到自己的有限性。儒者固然有益于世道人心，也可以扮演相当重要的角色，可尽管如此，却不该过度延伸与夸大。

读经教育

　　既然说到儒者的过度延伸与夸大，不妨也谈谈当下不少人关注的读经运动。

　　随着国学热的兴起，读经学堂在两岸各地四处开花。我跟读经圈略有接触，与王财贵先生也见过几回。我欣赏他，也佩服他，但是，我不赞成读经运动的某些做法。

　　总的说来，王财贵先生推动读经教育的立意与出发点，是没啥问题的。读经教育强调趁孩子小的时候，多打下经典的基础；而孩子小的时候，经典只要带着读，朗朗上口就好，不必多花时间作太多讲解。这都对。

　　孩子十二岁之前，的确不需要讲解。偶尔心血来潮，真要讲解一下，也无妨。但不能执着于一定要让孩子懂。换言之，得先抛开"一定要让小孩懂"这个执念，因为，先格物再致知，致知是要摆在后面的，别一开始就非得要他"懂"不可。

上次，薛朴去旁听（北京）南山华德福学校的京剧课，反应不算好，原因是学校请来的京剧院老师一直跟底下的学生讲五个字："你们要思考。"薛朴就觉得挺无聊。薛朴这样的反应，其实很准确；十二岁以下的小孩，本来就不需要跟他们强调"思考"二字。即使稍大一点的青少年，都不需要太过使用这种字眼。

读经运动强调孩子先背再说，不必花时间于理解经典；理解与"思考"，不着急，等过了一定年纪，慢慢再展开即可。这点是对的。同时，王财贵先生推广读经时，也吻合了中国人喜欢简易的心理。

前面我们讲鲁定公问孔子："一言而可以兴邦，有诸？"中国人总希望"事情别太复杂，你就告诉我个方法，可以一辈子派得上用场"，于是王老师便告诉大家："老实读经。"就这么一句话，一点儿都不复杂。可虽说就这么一句话，对许多人却很管用。对他们而言，只要"确定"照着做就能够有成果，自然就可以坚定地闷着头去做。如果大费周章跟他解释：这事儿有利有弊，利在哪儿、弊在哪儿，又要注意些什么，可能又有哪些副作用……反而会弄得他一头雾水，从此就裹足不前了。

大家知道，净土宗在中国佛教界之所以影响力极大、极深，正因为净土宗的法门最为简易——老实念佛，尤其临死前只要更认真地念，身旁的人也帮忙助念，这样就可以被阿弥陀佛接引，往生西方极乐世界。这个法门太简单了，任何人都可以做得到，所以它会兴盛。中国人正是如此，不喜欢把事情搞复杂。所以王先生跟大家讲"只管读经"，大家就有信心了。

但是，法门太过简易，免不了就有后遗症。正因为方法太过简单，一门深入之后，常常进得去，却未必能出得来。当每个人都信心满满、坚定地闷着头去做之时，凝聚力变强了，排他性也变大了，从此这个群体就不太能容得下批评与质疑了。读经界就有这样的问题。

王先生用这么一个简易的法门，加上惊人的意志力，二十几年下来，仆仆风尘，奔波于海峡两岸、大江南北，不断地讲座、不断地宣传，于是形成了这股读经运动的风潮。他讲座基本上不收费，人家给讲课费他也不要，完全是宗教家的情怀与文化的使命感，这一点感动了很多人。于是，许多充满使命感的人便带着类似的宗教徒情怀追随着他。但当读经教育成了气候，各式各样的人纷纷涌进来后，用王先生的说法，阿猫来了，阿狗也来了。这意味着，读经运动越来越有"群众基础"，底气越来越足，自信也越来越强大，因此他们就更毫不迟疑地努力说服着别人，也更不迟疑地把事情简化，同时，还更不迟疑地把读经的效益延伸到最极致。

读经教育早先从幼儿抓起，后来又进一步，主张从胎儿做起。所以孕妇家里就会准备多台录音机、MP3，或者是所谓的读经机，不停地播放，不断地重复，把经典铺天盖地般弥漫在孕妇的生活周遭。王先生说，孕妇听不听无所谓，反正，胎儿会听。王先生又说，听中国经典的同时，最好也听莎士比亚等西方经典；如此同时兼听中西，可以帮孩子打下最深的基础。如此同时兼听，孕妇当然可能会觉得很杂，不过，胎儿却没这问题。

可问题是：胎儿与孕妇当真能切割得开吗？胎儿与孕妇不是血肉相连吗？如果孕妇听了会烦，感觉很躁动，那么，她的身心状态会不影响胎儿吗？事实上，胎儿能从这样的同时兼听受益多少，并不好说；倘使真要受益，恐怕也得历经几番周折，才有可能。可孕妇的烦躁会直接影响到胎儿，却是完全可以确定的，也是立即可见的。换句话说，这种胎教的正面效果，是被高估了；可负面的影响，却被小看了。

另外，我也不赞成同时背诵或同时吸收中国的经典与西方的经典。倘使胎教没有效果，那就算了；倘使真有效果，如此东西方经典同时背诵、同时吸收，到底会不会在孩子的最骨子里就开始产生冲突、制造扞格了呢？大家知道，东西方的文化固然有相通之处，但另外有些部分却是根本就无法会通的；最多，就只能相互理解、相互尊重。而这些无法会通的部分，常常就是经典最"不共"的地方。当孩子没有任何能力可以理解与分辨之时，我们就急着把这些异质的东西注入胚胎，这又将会造成什么结果呢？

大家别低估这些冲突。在学会相互理解、相互尊重之前，更重要的，是《大学》说的"知所先后"，先把中国文化的基础打稳了，再来接触西方的东西，毕竟，"物有本末，事有终始"，能掌握本末终始，肯定会对小孩整体的身心发展好一些。王财贵先生经常说到，读经教育要把人类所有最伟大的精华全部放进来。这胸怀当然了不起。但是，东方精华与西方精华是不是该有个先后之别？又到底能不能真正彼此相融呢？这都是根本的大问题。

读经教育更大的问题在于：除了读经之外，小孩几乎没有其他生活。很多人每天读八小时，有的是十二小时，全日制，甚至不放寒暑假，简直像和尚闭关一样。和尚闭关是出家人成熟到某种程度、也修行到某种程度之后的作为，当然有其必要；可是，十岁左右的小孩，有什么成熟度，又有什么修行基础可让他闭关数年去读经呢？

经典的有效性与有限性

　　说到底，读经教育是夸大了经典的重要。

　　经典重不重要？当然重要。但是，经典再重要，依旧是圣人从生命的阅历与证悟之中提炼而来的，不管如何了不起，终究，也只是二手的东西。孩子倘使没有生活、没有第一手的生命经验，背了那么多的经典，又到底从何生根发芽？今天我们要教给小孩的，除了前人提炼出来的东西之外，更重要的，是不是让小孩自己也有提炼的能力？小孩最必须要有的，是有感的能力，是有生活的能力，可是眼下的纯读经的学堂却几乎不碰这些东西。小孩没有一手的经验、一手的感受，却塞了那么多二手的东西，即便这些二手的东西再怎么了不起，可依旧是本末倒置！

　　古人当然很小就开始背经典，有些人也因此成了大才，但是，这有个前提——古人在背经典的同时，他们有生活，有家族的婚丧喜庆，有岁时祭仪，还有宗族邻里的人伦关系，在这些实际生命经验的滋养之下，经典才有丰沃的土壤，读了经典的孩子日后才得以成才。可现今的读经教育，孩子铆足劲儿、一心一意背完中西经典三十万字，在如此庞大的背诵量之下，势必得抽掉大部分的具体生活与实际的生命感受，只能全日制地让孩子在学堂从早背到晚，如此一来，经典背后的根基、经典前头的体验，又从何而来呢？

在2014年9月有篇报道——《这更像是一个耗尽耐心的故事：十字路口的读经村》，虽说未必全然公允，但确实碰到了某些问题。其中的问题之一，是许多家长都特别关心的：这些读经教育的孩子，将来的出路呢？事实上，为了解决这个问题，王先生已经在温州成立了一个文礼书院；当读经的孩子背诵中西经典达到三十万字之后，就具备进入文礼书院的资格。早先在各地学堂的学习，是第一个阶段，就是背诵经典；而进了文礼书院，则是第二个阶段，开始解经。读经圈的人普遍认为，将来这个文礼书院会成为岳麓书院之后另一个千年学府。

但是，这会是真的吗？文礼书院会成为一个千年学府吗？又或者说，文礼书院会成为一个个圣贤的培养基地吗？

首先，中国的任何书院、任何寺庙，真正能传下去的关键，在人。人能弘道，非道弘人。有人，书院就兴旺；人走了，书院就衰颓。人能保证书院，而非书院保证了人。有孔子在，我们去追随他；至于他在哪个书院（假使那时有书院的话），那可一点儿都不重要。同样的，倘使禅宗六祖惠能和尚在南华寺，咱们就去南华寺参拜；倘使他去了另一个寺庙，咱们就改去那一个地方。如果惠能不在南华寺，我们去南华寺的必要性就不大了。"千年学府"云云，可能更多是西方的概念，譬如牛津大学、剑桥大学，学校比人重要，机构保证了它后头的人；近代受西方影响，中国人也开始大谈几大书院，也开始强调"千年学府"。这样的说法，不是不能提，但总之，不是中国式的。

其次，文礼书院会成为圣贤养成基地吗？我想，等一二十年过了之后，大家陆陆续续看到真正的结果，届时，可能会与读经圈眼下的热切期待产生不小的落差。前面说过，进文礼书院只有一个条件：背三十万字的中西经典。前面也说过，这个门槛使得孩子必须要把几乎所有的时间、精力全部用在读经之上；等进了文礼书院，他们又得专心一志、孜孜不倦，再花十年的时间来解经。一个孩子进文礼书院之前，近乎闭关，整天在学堂；等进了文礼书院之后，又近乎闭关，整天在书院。前前后后，从少年到青年，几乎二十年的时间，就一直在接近封闭（读经圈理解成"纯粹"）的环境中与经典常相左右。这份毅力与虔诚，当然令人动容；可问题是，在这样封闭（或者是"纯粹"）的环境之下，即便是有如此毅力与虔诚，到底，能不能培养出圣贤呢？

圣贤是应世之人，是对应时代乃至于开创时代之人；圣贤要比所有人都更具有强烈的现实感，否则，凭什么对应时代乃至于开创时代？培养圣贤的关键点，是"感"得时代之心、"感"得天下人之心，这是最高级别的"格物"。读经教育因过度强调经典，使得孩子在成长过程中缺乏生命的种种经验，也缺乏对现实的种种对应，于是便少了一桩桩的"感"与一桩桩的"格物"。没有"感"、没有"格物"，要成为真正的圣贤、真正的大才，又如何可能？

真正要培养大才，当然不能整天只是读书。他得见过世面，得走走江湖，得知道人间险恶。如果连一个普通的坏人都没法应对，这算哪门子圣贤？面对坏人，圣贤即使无法搞定，至少也能够妥善地应对。读经教育的孩子整天就是背诵经典，像是无菌室里成长的人，面对坏人，多半只能发慌，只能在心里"反求诸己"，或者把经典里面骂小人的字眼过了又过，最后无奈地感叹："怎么会有那么坏的人?!"

如此穷一二十年之力、孜孜矻矻读经解经之后，这批青年的最大可能，并非读经圈口中能为天下开创新局的所谓圣贤，而是成为一个个现代意义下的书斋学者。大家知道，现代某些学院的个别学者，其实是越没有生命经验，才越可能专注在学问世界。有些人甚至在现实中都不太具备生活能力，譬如以前的钱锺书，又譬如刚过世的余英时。他们是把外面的万缘放下，全部隔绝掉，因此能比别人都专注。这些读经青年同样具有惊人的毅力，也耐得住寂寞，更能比别人都专注，但是，这样的学问，终究与圣贤的学问是两回事。尽管他们整天谈的是圣贤，可实际却只会离圣贤越来越远。

总的说来，王财贵先生的推广读经，肯定有其历史性的功绩，绝不能因为后来的种种问题，就轻易抹杀他的贡献。我必须认真地说，王先生是很了不起的。可同时，王先生对于经典的过度夸大与想象，在当下文化重建的关键时刻，也的确需要做一些细致而根本的厘清。事实上，当年南怀瑾先生之所以一开始鼎力支持王先生，可后来却又抽手、不愿意再掺和，正是因为里头有问题呀！

譬如王先生提倡"论语一百"，认为只要全中国有多少人读《论语》，这个世界就可以怎样又怎样。这样的说法，多少仍是儒者的夸大与想象。事实上，这世界越来越多的人读《论语》，是件好事，可是，有时也未必尽然。东汉儒家大盛，读《论语》的人肯定比西汉初年多很多，可是，整个东汉的气象恐怕不会比西汉初年更大更好。西汉初期刘邦和那一班功臣多半没读过什么书，也不懂什么圣人的道理，可是，那是个好时代，人质朴、大气而有喜气，实际上都更接近孔子"老者安之、少者怀之、朋友信之"的理想。所以，重点是生命状态，不在于多少人读了多少经典。

祭孔典礼

　　传统文化复兴以后，各地的祭孔活动不断，关于祭孔与一般祭祀的不同之处，略作陈述。

　　就我所知，台北孔庙与台南孔庙的祭孔典礼都做得比较到位。台南孔庙是延续明代晚期的祭孔典礼，我去观礼过一次，很有庄严感。当时的主祭官是台南市市长，民进党籍，可在祭孔时，还是能清晰感觉得到他那份虔敬。台南孔庙和台北孔庙的祭孔音乐都保存得较好，可以感受到儒家特有的庄严肃穆，令人感动。有两回，听台北孔庙的祭孔音乐，虽然还只是排练，我都已听得落泪。

　　现在有些地方祭孔的某些不太相干的目的性，还是过强。老实说，这在短时间内，并不容易完全排除得了。这些目的可能是政治的，也可能是商业的，总之，离真心诚意都还有一段距离。就整体而言，这件事得慢慢来。目前看来，那些假的、浮华的东西，已在慢慢减弱消失；

而真的、诚恳的东西，也会逐渐到位。我想，这不必太着急。至于具体的操作细节，我们可以参考文献，也可以参考海内外各地孔庙的祭仪，未必真有哪一种仪式才叫作"最正确""最标准"；事实上，我们不必想着要完全复原哪一个时代的祭祀细节；具体的操作，肯定是有继承、有转化，肯定是与时俱进的。只要我们慢慢恢复感觉的能力，感觉对了，那就行了。

相较于一般的祭祀，祭孔必定比较规范、也比较讲究。在台湾，祭孔大典多半是清晨五点正式开始，不会是九点、十点才开始，更没有下午的，一定是在清晨。这是一个大原则。台湾许多庙宇最重要的祭典，常常是半夜子时开始，因为那是一天之始，有个天地之始。在下午或晚上的祭祀，基本是祭鬼，所以中元节祭祀是傍晚。

在我们家，以前每天早上，三个孩子大概必须背经典一个小时。三个人背的，不太一样；大姐背得较多，薛朴则是背《孟子》。到了下午，有一个小时左右的时间，三个人一块儿背《古文观止》，算是固定功课。他们因为在家自学，所以时间很多。不过，他们跟台湾体制内的学校教育并没有脱节，还是用体制内的教材，每个学期都回学校参加段考，只是平常在家学习。通常，每天只需两三个小时，学校功课就大致可以搞定了。剩下的时间，一部分背经典，一部分阅读，一部分看戏曲，此外，也去运动、跑跑步，还有大量的时间可以做家事。每天的中餐，是他们三个人分工做的。因为时间宽裕，他们一直到现在都维持晚上九点之前上床睡觉。

经典要背，但跟读经团体不一样的是：我很在意小孩的实际生活。与一般读经的孩子相比，我的三个孩子因为有日常的种种生活，所以比较有旧式小孩该有的规矩与活气的同时兼得。他们每年还要回许多趟台湾南部我的老家，跟爷爷奶奶住上一段时间。说白了，这是在接地气，接中国文化在台湾民间一直没断的那个地气。小时候有这样的熏陶，长大之后再回头看经典，就会有分明的真实感。这时经典对于他们，就不是抽象的概念，而是具体的生命经验。这时他们再读《论语》，就知道什么是道不远人。

己所欲，施于人？

我们读《论语》，可看到孔子对于当代的人事多有议论，有褒、有贬，有赞美、有批评，还有许多穿透表象、不同流俗却又不失平正的见解。我们未必能一一还原当时的情境，但依然可取其精神，从中看到孔子如何精准地对应他的时代。这是《论语》很重要的亮点，也是孔子跟后世儒生的差别：后世儒生往往只谈经典，常常开口第一句到最后一句，全都是圣人如何说、这话啥意思、后人某某又咋解释，却看不到当下的时代景况与应有的应对。事实上，这么读《论语》，是与孔子有"隔"的。我们谈《论语》，就要在古今之间、在经典与现实之中，不断出出入入。谈《论语》，就是谈当下，这样子读《论语》才会有真实感；有真实感，才会有生命力。

回头再说读经教育。王财贵先生能产生那么巨大的能量，原因之一，是他讲的个案非常动人，尤其他儿子因为读经产生了巨大的效应。听这个例子，很多人都会怦然心动，却忘记这可能只是个案。今天某某孩子读经产生巨大的效果，可能是事实，但这一定有其有限性，未必所有的人都适合这么做。王先生为了推广读经，可能把某些个案过度延伸了。

这有点类似吃素。吃素是要看人的，有些人很适合吃素，某些人就未必。因为吃素不只是营养的问题，也不只是所谓气血的问题，它甚至还会牵涉到整体的生命气象。比如有人个性很冲、气很盛，这时吃吃素，平衡一下，正好。可有的人本来气就弱，吃素后气就更弱，奄奄一息似的。事实上，吃不吃素未必像吃素的人所强调的多么影响修行。孔子不吃素，不也修行得挺好吗？有哪位吃素的人敢宣称修行胜过孔子呢？

我在池上有个故交，是净土宗修行者，吃素四十余年，但以前家里杀鸡都是他杀的，因为他嫌太太杀鸡动作不麻利，让鸡受罪了。他杀起鸡来，干净利落、毫无挂碍。他是个豪杰，平常抽烟、喝酒、嚼槟榔，气很盛，所以吃素就挺好，调和调和，很健康。有些东西的合适与否，的确是因人而异。谈到吃素，我反感的是某些人的过度延伸，好像不吃素就全身罪孽、这辈子都白活了、下辈子也完全没希望了似的。不要把信奉的东西过度延伸，再好的事情，都不适合以真理自居的态度来想改造别人。

顺着这样的思路，我们来琢磨琢磨，"己所不欲，勿施于人"跟"己所欲，施于人"，到底差别在哪儿。

"己所欲，施于人"是一番善意，这种人也几乎都是好人。不过，好心做坏事的，多半也是这种人。这种人的问题，正在于把个人的经验过度延伸。你喜欢的，跟别人喜欢的，通常是两回事；你在某处受益很深，可别人却未必就会如此。譬如说，我家三个孩子自学的经验，我鲜少推广；毕竟，可供推广的部分太有限了。就算他们仨的教育有某些可取之处，别人要学，至多也只能参考基本的思路，不能把细节全部复制；复制细节通常会变成灾难。

"己所欲，施于人"，在食物上最显而易见。有人会兴高采烈地告诉你某某东西有多美味、多可口，非得要分享不可；但你一尝，却完全不知道好吃在哪儿。事实上，口味的分歧与相对，本来就是常态；问题只源于我们都活在自己的世界，无法感受到别人的状态，自然就忽视了这些分歧与相对。

孔子的恕道，是如实地感受别人的状态。每个人都必然有限，都很难对别人彻底精准地体会与对应，可是，"己所不欲，勿施于人"至少能避免掉许多因"善意"而起的纠缠不清，因此，相对就具有可操作性，实践起来也比较靠谱。至于"己所欲，施于人"，免不了会自我中心，会有太多的想当然耳。当我们很乐于分享、很急于向别人弘扬些什么时，不论再怎么自觉真心、热诚，都仍应自问：咱们的真心与热诚会不会遮蔽了什么更紧要的东西？

一个人如果无法意识到自己的有限性，跟他往来，就得多保留些；反之，如果清晰地呈现自己的有限性，这人肯定是比较靠谱的。

为人师者，尤其要提醒自己：自古以来误人最深的，常常是那种特别认真又极度偏执的老师；他们但凡认定是对的，就义无反顾、深怀使命地要灌输给学生。说句难听的话：他眼里更多是只有自己，没有学生。他对学生的真实状态并不了解，也不关心，只是一门心思地要把他心中那些"伟大""正确"的东西给学生；就某种程度而言，这叫作"目中无人"。教了半天，倘使学生不接受，他还会给自己找个说辞，说学生"不受教"，把责任尽推给对方。其实，问题根本到底是出在哪儿呢？

当你目中有人，开始感受对方的真实存在时，自然就会调整自己。比如教小孩接触戏曲，首先要明白他们的身心状态，别像薛朴上京剧课那位老师不断强调那句"你们要多思考"。对于孩子，"民可使由之，不可使知之"，让他照着做，做几次后，他自然越做越开心；只要

"学而时习之"，他就会"不亦说乎"。反过来说，如果一个十来岁的孩子，才看了《锁麟囊》，便急着问你，这出戏的"主题"是什么？这就意味着，他已经被洗脑洗到离京剧很遥远了。这时，千万别再推波助澜、顺着他的思路继续下去，最好岔开，不问宏大的东西，只问他：这出戏你觉得最好看的是什么？这个薛湘灵你喜不喜欢？哪个丑角你觉得最好笑？水袖漂不漂亮？哪一个唱段最好听？这些问题都很具体；只要具体，孩子就会有真实感。

事实上，学《锁麟囊》更好的方法是：要不，看视频，要不，老师来演示，就让孩子玩玩水袖、学学唱段。以唱段而言，前头的"春秋亭"，后头的"大团圆"，都很能朗朗上口。老师只需说，"来，大家跟着做一次"，"来，跟着再唱一遍"，孩子就会觉得很好玩，就会"不亦说乎"。"学而时习之"的"时习之"是不断地做、不断地修炼。这样的修炼，看似重复相同的动作，可每回却都有着细微的差异，透过一定的积累，有了变化，心里也会滋长喜悦。面对小孩，我们要如实地体会他的状态，大道理别说，就让他照着做。小孩在照着做的过程中，很容易真正学到东西，也容易感受到学习的喜悦。

子曰："不愤不启，不悱不发；举一隅不以三隅反，则不复也。"

——《论语·述而第七》第8章

对于小孩，教育基本是"民可使由之"，照着做就行。等孩子年长了，教育更多的是"不愤不启，不悱不发"；他想要什么，我们才给他什么。倘使主动给多了，难免就有点"己所欲，施于人"；前头看似是好，可冷不防的，麻烦就会在后头等着。为师者只能沉住气，等他心有所感，困惑得紧、憋得难受了，这时点拨才不容易有副作用。他"愤"了，我们才"启"；他"悱"了，我们才"发"。同样的态度，《礼记》的《学记》篇言道："善待问者，如撞钟，叩之以小者则小鸣，叩之以大者则大鸣，待其从容，然后尽其声。"我的老师林谷芳先生则是接着说："大叩大鸣，小叩小鸣，不叩不鸣，叩破了算你行。"

正因如此，全世界所有的文明体系里，中华民族算是很没有传教热诚，也鲜少有主动宣扬思想的执念，这和孔子这段话，是同样的思路。西方传教士那种炽烈的传教热忱，在中国人看来，有点不习惯。中华民族可能更清楚个体的差异性，别人的情况跟我们本来就不太一样，怎么可以这样去强加于人？

尔爱其羊，我爱其礼

子贡欲去告朔之饩羊。子曰："赐也！尔爱其羊，我爱其礼。"

——《论语·八佾第三》第17章

根据周礼，每年岁末之时，天子颁布历法于诸侯，诸侯受而藏之祖庙。每逢初一，就是每个月的"朔日"，诸侯以饩羊（未煮熟的腥羊）为祭品，在祖庙祭祀，向祖宗汇报上个月的政务，并请以未来的展望，而后临朝，开始新一个月的政事。这祭祀，名曰"告朔"。台湾民间某种程度还继承了这个传统，每个月的初一，都在家门口祭拜，可视为转化后民间版的"告朔"（台湾民间除初一之外，每个月的十五日，也就是"望日"，亦行祭祀）。

《论语》这里的"子贡欲去告朔之饩羊"，是因为当时鲁国告朔之礼早已不行，而祖庙的有司却循例仍然供奉着告朔的牲羊，子贡觉得这牲羊可废去不用，以免有名无实。孔子告诉他说："赐啊！你只是爱惜那只牲羊，我却爱惜这个礼制啊！"

事实上，子贡之所以要去掉饩羊，应该不是当真可惜这区区之羊，而是感慨王政既然不行，就别留下一个有名无实的空壳吧！至于孔子，则是宁可让那只羊先摆着，至少，这礼还在，不论什么时候形势转变了，"告朔"还是可以恢复的；别因为可惜那只羊（或是觉得碍眼），就把将来一个重要的可能性都取消掉了。

自从有《论语》这章之后，"尔爱其羊，我爱其礼"就成了常用的典故；后来的用法，是否全然符合孔门师徒当时对话的原意，已不好说。大家更多是延伸为外表上某些物质的小牺牲，其实是为了保存更重要的一份精神。举个例子，台北的地铁不叫地铁，而是称为"捷运"。台北"捷运"的乘客在上下电扶梯时，基本自动靠右边站，左边则腾出通道给赶时间的人用。这不是当初谁的规定，而是自然而然慢慢演变而成的。后来有人质疑，这样会造成电扶梯的损坏率升高，因为全部重量集中在右边，会坏得快，每年就得增加几百万台币的耗损。媒体为此讨论过一阵子，后来不了了之，大家又一切照旧。我估计，之所以不更动这样的习惯，背后应是同一个思路："尔爱其羊，我爱其礼。"虽说几百万是一笔不小的数字，但如果跟礼相较，的确就是小事了。这礼背后的谦让、对人的体谅、给人家的方便，又哪里是几百万台币能取代得了的呢？

事实上，如果我们从孔子这句话引申开来，回头再看看古人特别重视、而我们今人已经简化到快变成轻忽的丧礼，可能，就会有另外一番感受。

　　所重：民、食、丧、祭。

　　　　　　　　——《论语·尧曰第二十》第1章

《尧曰》篇这句话很重要，但大家注意得少。

为政者最该重视百姓的，一个是"食"，一个是"丧"，再一个，则是"祭"。"民以食为天"，任谁都清楚，"食"有多么重要。可是，"丧""祭"为何与"食"并举？换句话问，中国的丧礼与祭礼到底重要在哪儿？

要谈这个问题，我们先回头看一段子贡与孔子的问答：

　　子贡问政。子曰："足食，足兵，民信之矣。"子贡曰："必不得已而去，于斯三者何先？"曰："去兵。"子贡曰："必不得已而去，于斯二者何先？"曰："去食。自古皆有死，民无信不立。"

　　　　　　　　——《论语·颜渊第十二》第7章

这一章非常重要，我们得好好讲一讲。

有一次，子贡问政，孔子回答，为政之道有三件紧要的事：第一"足兵"，军事要强大，能够保国卫民；第二"足食"，让老百姓吃得饱饭；第三"民信之矣"，让人民互信，百姓有信仰。

孔子回答后，子贡就提了一个假设性的问题，说，如果这三者非得要去掉一个的话，您老人家觉得得先去掉哪一个？这问题显然有点麻烦，但孔子似乎没太多思索，就回答说，"去兵"；倘真万不得已，那么，就去掉军队吧！大家知道，"去兵"，撤掉军队，这意味着什么？意味着这个国家是要被灭亡的。以我们现代国家的思维而言，孔子这话当然是不现实的。

对任何一个国家而言，最重要的现实，是不能被侵略，再怎么样也一定得先建立国防。建立稳固而强大的国防几乎都是国家唯一的重中之重。可孔子却说"不得已"（注意这三个字）必须去一之时，要"去兵"，把国防给撤掉。这话看来是儒者常被诟病的那种"迂腐"，可是，如果摆在中国历史的脉络来看，会觉得这话是有点意思的。

文明的韧劲

　　中国文明有个独特的地方，比如很多朝代被更替之后，再隔一定的时间，这个文明会再度兴起。不仅兴起，常常文明的范围还会扩而充之，变得更大。

　　全世界有这种历史经验的民族，除中国之外，大概是没有了。

　　大家都知道中国历史上的"五胡乱华"。当时，异族入侵之严酷之惨烈，整个华北平原之残破程度，如果做横向的对比，相较于当年日耳曼入侵西罗马帝国，其实是有过之而无不及的。可是，当西罗马帝国被日耳曼这么一踩、一踏、一破坏之后，在罗马的那个罗马帝国就彻底过去了，罗马文明也成为一个历史名词了。可中国经历"五胡乱华"一百多年那么大、那么彻底的破坏之后，出现了北魏。北魏有个非常奇特的人——孝文帝，他让我们看到中国历史和西方历史大不相同的关键所在。

从任何一个现实的角度来看，北魏孝文帝都着实令人费解。一个鲜卑族皇帝统治着偌大的华北的汉人，无论如何，似乎都应该强调"鲜卑我族"的优先性。可是，他却反其道而行，扬弃自己民族的文化，进行了历史上最彻底的汉化运动。这不管怎么考虑，似乎都不合逻辑。正常逻辑下，都是被统治者向统治者靠拢、现实弱势者向现实强势者学习。可他违逆了这个基本规律，坚持汉化，甚至一定程度还因此造成了国家的分裂，北魏后来裂解成东魏、西魏。东魏、西魏则被北周、北齐取代，北周被隋文帝篡位，而后隋统一天下，唐则继承了隋代。所谓的"隋唐盛世"，基本是建立在"五胡乱华"的废墟之上。可大家看到隋唐盛世整个中国文明的范围，其实是超过"五胡乱华"之前秦汉盛世时中国文明的范围的。这意味着，恰恰是因为"五胡乱华"的破坏，整个中国的文明范围才有后来隋唐时代的扩大。

　　到了后世，蒙古人入主中国的时间偏短，不好说；可到清代，统治中国两百六十八年，这时间算是久了。满族入侵之初，若论杀戮，不可谓不惨烈；若论镇压，也不可谓不严酷；若论提防猜忌，更是前后一贯、彻头彻尾。但从征服汉地、统治汉地，再到清朝最终的覆亡，接下来的民国期间，却有一批"溥"字辈的清朝皇室成了中国文明某些领域的代表人物。譬如，当时全中国最懂音律的人，名唤溥侗；有位古琴大家，叫作溥雪斋；至于水墨画，当时人称"南张北溥"，南方有个张大千，北方则是溥心畬。这些人都是大师，都是历史长河之中中国文化的佼佼者。当年，他们的祖先以铁骑踩踏了中华大地，可两三百年后，这批清皇族却变成了中华文明最有分量的继承人。

清皇族继承中华文明最后的传奇人物，一直到前几年，才在台湾去世，享寿一百零六岁。他不是"溥"字辈，而是"毓"字辈，时人称之为"毓老"，全名是爱新觉罗·毓鋆。"毓老"原来是清朝最后一个礼亲王，也是溥仪就学时唯一的伴读。一九四五年，抗战胜利，一则是因溥仪在东北成立了伪满洲国，二又因毓老拒绝了蒋介石的收编，所以，毓老先是被软禁在台北的阳明山（相同的软禁处，前一个被拘禁的是张学良），不多久，又被"发配"到台湾最偏僻的台东去教书。教了几年，"毓老"请求蒋介石让他回台北，他想弄个私塾，教学生读四书五经。后来，他在台湾大学附近租了个地下室，开始有台湾大学的学生来听课；几年后，口耳相传，人越来越多，经常把整个地下室挤得水泄不通。有次我在台湾大学讲座时，主持人是一位台湾大学社会学系的名教授，他提到，当年上毓老的课时，很像参加一个秘密组织。上了那么多年的课，永远没能搞清楚坐在身旁的人到底是谁。毓老没有来之前，大家坐在那儿纹丝不动，都不敢交头接耳，因为，后头有蒋介石的特务监视着。待毓老走进课室、坐定之后，大家更不敢交谈。等到毓老下课，大家立马作鸟兽散。几年下来，压根儿不知道究竟是哪些人来听课。

结果，几年前毓老去世，台湾某些媒体开始刊载纪念文章，文章发表后，有人转载、有人回应、有人接着写，不多久，大家猛然发现，原来，毓老的学生满天下。其中，还包括台湾地区行政机构前负责人江宜桦，也都曾受业于毓老。这时大家也才知道，这位前清的礼亲王爱新觉罗·毓鋆的最后几十年，其实是日复一日、年复一年，就在地下室里孜孜矻矻地传授着中国的传统经典，直到一百零三岁。

这实在令人吃惊。讲授中国传统经典直到一百零三岁，这真是"不知老之将至"呀！我不知道，中国历史上还有没有其他人能超过这个纪录，我只知道，一九四九年之后，在台湾传播中国文化的仁人志士之中，论深度、论广度，能达到毓老如此巨大能量的，恐怕，就只有另外一个人，那人叫南怀瑾。

作为一个满族人，毓老的后半生，真真切切地以传播中国文化为己任；作为一个满族人，毓老任重道远、死而后已，比绝大多数所谓的"汉人"都更一肩把所谓的"汉文化"给扛了起来。所以，回想当年满洲人初初入关，顾炎武曾痛彻心扉地言道，中国历史有两种劫难，一曰亡国，二曰亡天下；中国以前历朝历代的覆亡都是亡国，可他眼下经历的，则是亡天下。国家可亡，天下不能亡。亡国跟亡天下的差别在哪里呢？亡国是一家、一姓、一朝之事，亡天下则是一个文明的根本覆亡。当时顾炎武那样的志士仁人都认为他们亡掉了天下。可经过二三百年后再回头看，当初被认为亡他们天下的这群满洲人，后来却把文明延续的重责大任给承担了下来，乃至有那么一位满洲的礼亲王在东南一隅的台湾岛上终其一生去护卫这个文明。

准确地讲，中国文明是一个很独特的文明系统，说到底，其实是亡不了的。当我们回头读到孔子说万万不得已可先"去兵"之时，这句话摆在历史长河里，竟然闪烁着一种奇特的现实感。在时间的纵深之下，孔子这话触碰到了中国文明的最本质。

民无信不立

谈完"去兵"之后,我们再来说说"去食"。

孔子回答了"去兵"之后,聪明的子贡不放过孔子,又继续追问:如果真"不得已",剩下的两者还得再去其一之时,请问,您老人家要去掉哪一个呢?孔子的回答是:"去食。"把"食"去掉,这又意味着什么?意味着大家可能就得饿死了。孔子的结论是:"自古皆有死,民无信而不立。"自古以来,人终有一死;假使人活着没有一个"信"字,是立不起来的,活着也是白活。

这话看似也违背现实,毕竟,没有人愿意饿死。孔子讲这话时,好像也没我们后人印象中那么"温良恭俭让",反倒似乎带着一点狠劲儿。不过,如果我们对照当下这个时代,或许,会对孔子这话产生另一番感受。

大家都知道,在中国历史里,眼下这时代是个距离吃不饱状态最遥远的时间段。放眼中国,目前吃不饱饭的人已经不多了，尤其是这些年扶贫的力度如此之大；反过来说，眼下吃得挺饱的人还算蛮多的，而吃太饱的人则是一点儿都不算少。历史上从来就没有出现过有那么多的人吃得太饱、吃到需要去瘦身、吃到不少人只要到晚饭时就告诉别人说他不吃主食。可恰恰也是这个可以吃得饱甚至吃得太饱的时代，有些人活不下去了。他们衣食无忧，可就是想不开，得了抑郁症。

可不管是谁，这些抑郁症的人群，很少有人是吃不饱饭的；他们多半日子还算优裕。可是，他们心里面就是不踏实，感觉是飘着的。你很少看见一个干苦力、成日为了三餐奔波的人，会得抑郁症。反而常常是某些人明明日子过得还不错、吃得挺饱，生命的能量却逐渐消失，乃至消失到慢慢飘了起来，最后，就活不下去了。除了这种"飘"之外，我们还有另外一个更常用的字眼，名曰"浮"；这几年，最常见的一个关键词叫"浮躁"。而"浮"也好，"飘"也罢，总之，是心里不踏实，是心头没有一个东西可以让自己觉得牢靠。

心头没个东西牢靠，说得更白些，就是他们没有所谓的信仰。孔子讲"民无信不立"，强调的，便是"信仰"最根本的价值。"自古皆有死，民无信不立"，为政首务，正在于把这个"信"字给立起来。在最极端的时代里，倘使万万不得已，某些人得饿死，也只能如此。可只要那个"信"字能立得住，将来，还是能世世代代延续下去的。

我们现在可以吃得那么饱，但恰恰就缺乏一个"信"字；中国可能还好，西方世界正面临一个最根本的危机：灭种。什么是灭种？是人类自行了断；简单地说，就是一方面活得没有意思，自杀率高；另一方面又越生越少，大家都不太愿意生孩子。台湾这些年日益西化，因此，我就遇到几个朋友不约而同地问道，你为什么会生三个小孩？他们好奇的理由是："你怎么有这么大的勇气?"他们的问题的关键，并非一般所想的"三个孩子负担很大"诸如此类的现实考虑；他们可能还不只是那个层次，而是属于更有"境界"的那种人。他们的问题是："这个世界不是会越来越不好吗？何苦把孩子生出来让他们将来受苦呢？你忍心吗?"我遇到有一些人，他们之所以决定不生小孩，正是因为这么个"深刻"的理由。

这群人多半好思考，不仅学历高，智商也高，通常成就也不低，但是，他们对于未来、对于这个世界，就是少了一个"信"字。

没有"信"，即使再丰衣足食，即使再物质富裕，人难免都会有种说不出的难受；难受到某种程度，甚至会逐渐失去生存的勇气。这正是当今世界最大的困境。从这个角度来看，孔子所说的"民无信不立"，不仅有其惊人的洞见，更有种跨越时代的穿透力。

接下来，我们谈谈这个"信"字。

全世界所有的文明，必然都要面对这个问题，毕竟，人自从脱离动物状态、成为有灵性的生命之后，就需要信仰的精神支撑。全世界大部分的文明系统，信仰都建立在宗教的基础上。可中国的文化不一样。中国文化的宗教感相对淡薄。中国本土的"道教"，有时候搞不清楚到底是不是个宗教；至于儒家，则压根儿就不是宗教。清末民初有些儒生想把"儒家"变成"儒教"，说到底，不过就是东施效颦罢了！中国宗教感淡薄，好坏不论，至少，这直接的结果是中国不容易产生宗教狂热，也不容易有极端的宗教排他，更因此可以容得下几乎所有的宗教。从汉代开始，佛教传入中国；到了唐代，当时全世界的几个大宗教差不多都传进了中国。这些宗教传入中国后，基本相安无事。纵有冲突，规模也不算大。一直以来，中国没有发生过真正的宗教战争。这在世界史上，近乎奇迹。大家都知道，印度也好，伊斯兰也罢，当然，还包括基督教世界，因宗教而起的激烈冲突乃至残酷的战争就一直没有停止过。至今伊斯兰世界与西方世界的冲突不断，本质上还是宗教的战争。可在中国，正因为宗教感淡薄，所以各种宗教之间容易产生的强烈而极端的情绪就容易被稀释掉，于是，不同宗教的相容，就一直不是个问题。

宗教的产生，源于"人从哪里来？死往哪里去？"这种人类的共同疑惑；人对于死后世界的焦虑与关切，正是所有宗教的原点。宗教都会清楚地告诉人们，死了之后会怎样。基督教有天国、有地狱，信上帝会得永生。如果你是个虔诚的基督徒，会非常确定这点。一旦确定了信上帝可以获得永生，也确定了死后会有公平的审判时，此生就可以获得一个保证，生命也会有一种强大。这是一神教徒特有的强大。至于佛教，源于印度文明对死后世界的深切关注，他们一向对死后世界深感兴趣，中阴也可以描述得非常详细。确认了生命的轮回与因果的必然，面对死生的流转，佛教徒也必然有种笃定与安然。

不论是西方式的一神信仰，抑或是印度式的累世轮回，在中国人看来，都挺好，某种程度上，也都可以接受；即便不能接受，至少，中国人也不反感。所以，中国有许多人信基督教，也有很多人信仰佛教，彼此尊重，大致都能相安无事。可大家知道，各种宗教都容易自诩真理，不同宗教也必然会有孰是孰非的争执：如果认可了基督教，佛教却又讲得如此精彩，那么，佛教怎么办呢？反过来说，倘使完全接受佛教的说法，那基督徒又情何以堪呢？面对这样的矛盾，依照中国人的思维，不妨就把问题搁着吧！爱信啥信啥，无所谓。

中国人之所以能对这种人类的共有困惑与焦虑如此淡然，是因为有一套思维可以解决这个问题。中国人透过丧礼和祭祀，让在世的人清楚人死之后并不会真正化为乌有，而是可以有着无穷无尽的延续与回荡，借此，平息掉对于死后的焦虑与不安。

丧礼与祭祀何以重要

　　现在再回头看前面提到的《尧曰》篇，"所重：民、食、丧、祭。"老百姓最重要的，一个叫作"食"，民以食为天。第二个叫作"丧"，丧礼。第三个"祭"，祭祀。这三件，把前面那个"食"先搁着，后面二者，就是我们现在要谈的重点。中国传统文化透过丧礼和祭祀这两件事来让我们感觉到人死之后依然可以无穷又无尽；人的一生，虽说有限，也可以无限。丧礼跟祭祀是怎么产生这样的能量的呢？

　　大家知道，中国人的丧礼是全世界最慎重的。在古代，许多人即使一生穷困，仍然非常在意父母死了之后有没有办法办个像样的丧礼。甚至有人为了丧礼，不惜将自己卖掉。黄梅戏名剧《天仙配》中的董永，就是因为家贫，父亡无以为葬，于是才卖身傅员外为奴三年，换得了资金替父亲举办丧礼。问题是：中国人为什么那么重视丧礼呢?

那年六月,我在重庆讲课。第一天稍稍提了祭祀与丧礼,第二天上课前,有位女士蹲着跟我提了一件事。她边讲边哭、边哭边讲,说十八年前,她十九岁,刚到比较远的省份去念大学,开学不多久,母亲就溘然去世。家人想着她路途遥远,回来一趟太过费时,且刚读大学,一请长假,功课也会跟不上。于是,就叫她不要回来。结果,她没回家奔丧。可从此之后,没赶回家奔丧这件事就使得她心里一直很难受,整整十八年,时不时就隐隐作痛。为了解除这难受,她上了许多心理疗愈课程,也找了不少高僧、仁波切灌顶或加持,但不论怎么做,最多也就是一时的缓解,终究无法彻底解决她心中最根底的伤痛。

她讲了又哭,哭了又讲。我没安慰她,只让她先回座位。我开始讲课。我提了她这事,说道,明年要不清明节,要不最好是母亲的忌日,就多买一些祭品,尤其是母亲生前爱吃的,多准备些,准备得越丰盛越好。然后上香、烧纸,跟母亲多说说话。最重要的,如果想哭,就好好哭一场吧!宛如十八年前最终你还是赶回来奔丧,在母亲灵前,那止不住的泪雨,再加以现实上,终究你没赶回来,于是,十八年来的懊恼与悔恨,所有的难受,就用来好好痛哭一场吧!待哭完之后,你会好很多的。

为什么在中国的丧礼中，人们总是痛哭号啕？为什么这痛哭号啕变成了中国人的基本认知，以至于有些人明明没哭，还要假装哭？甚至还请人来哭？为什么一定要这样子呢？

死即乌有吗？

说到底，这是要解决一个本质的问题，"死非乌有"；死了，并非真的就没了。

大家设想，倘使，你从单位离职，可才走出了单位，心里就已清清楚楚：这个地方跟我再也没一点瓜葛。没人会想我，没人会念我，更没人提起我会掉下一滴眼泪，甚至，连骂我几句的人也不会有。离开就离开了，这就叫作"死即乌有"。一旦离开，就啥都没了。当你意识到此，心里肯定会很难受的。

相反，通常从单位离职时，同事会帮你办个欢送会。在欢送会里，有人回忆既往，说着说着，就开怀大笑；有人回忆既往，说着说着，则是哭了起来。有人临别之时，会和你握手，会和你拥抱，会微微一笑，会噙着眼泪，甚至会放声痛哭。假使最后要离开时，你发现有许多人不舍，有许多人伤感，这时心里虽然难受，却有另一番滋味，甚至，还有种踏实感。那感受大约是：和大伙儿这么一场，值！当欢送会一群人又哭又闹，既高高兴兴、嘻嘻哈哈，随即又纷纷落泪。如此欢喜与哀伤交错之间，会让你觉得虽然人离开了，可在心情上、在精神上，可以是一直没有离开。而等你离开之后，别人还在挂念你，还在不断地提起你，那时，你会很清楚，你并没有真正离开这里，你离开的只是躯体，可精神的的确确都在！

　　明白这点之后，大家就可以理解为什么中国某些丧礼看起来会如此之"怪"。明明，才呼天抢地的一场痛哭，不多久，就又找人来唱戏，还放鞭炮，甚至，还一群人打着麻将。为什么？其实这跟欢送会的原理差不了太多。毕竟，欢送会不会只单纯忙着哭，肯定，还有其他的活动与节目，大家总是还要乐那么一回。本质上，丧礼就是办一场——当然，不能说是"欢送"，可必得是盛盛大大地送那么一程。因为这事儿太大了，所以，我们会哭，会难过。可除了难受之外，丧礼还会有另一个心情：再送一程、再陪一回。爱打麻将，是吧？！咱们就再陪打一次！咱们锣鼓喧天、热热闹闹地送这么一程，是因为心里认为死者并没有真的化为乌有，也可以一直都在的。从这个角度去体会，就知道民间这样的丧礼其实并不奇怪。

　　丧礼完毕之后，通过上坟扫墓，再通过祭祀不辍，死者和这个世界的联系就依然绵延不断，可以一直延续下去。直至如今，中国南方某些地方还是很看重这样的扫墓与祭祀。有年三月我去了云南建水，建水是一座古城，也是一个县城；可这县城很特殊，拥有一座仅次于山东曲阜、全中国第二大的文庙。建水人重视祭祀，清明扫墓尤其隆重。那次，建水文庙的主任本想陪我听听当地的洞经音乐，可临时又来不了，原因就是要家族扫墓。对建水人而言，扫墓乃天大之事，其他任何事，几乎都得退居一旁。建水人这心态特别好。上坟时，建水人基本都是一整家族出动；祭品不是拎着走，而是挑着去，因为，食物极多。上坟后，摆了祭品，焚了香，磕了头，男女老少就四处坐下，开始野餐，有人还在一旁放风筝呢！这顿饭，得整整吃上一两个小时。如此扫墓，至少得花上半天，看似繁复，也颇折腾人，但细细想来，却大有意思。

大家知道，全世界每年最大的人口移动，都是除夕前几天。每当年关将至，不计其数的华人就开始不远千里，匆忙赶路，尤其大陆高铁未兴起之前为了回趟老家，那挤火车之狼狈与不堪，到底，所为何来？不就是为了"团圆"吗？而所谓"团圆"，说得最实际，也最形而下，不就是全家人吃一顿名曰年夜饭的美馔盛宴吗？对中国人而言，亲人一块儿吃顿团圆饭，是一年中的头等大事；既是形而下的，更是形而上的。建水人的扫墓，本质上也就是与先人再吃顿"团圆"饭。祖先生前，咱们除夕夜吃；而今去世，则是清明一道儿吃。虽然节日有异、阴阳有隔，可"团圆"依旧，亲人也永远是亲人。祖先虽然已经去世，可还是活在我们后代子孙的心里。

这样的扫墓当然是良风美俗，但在现实中，却会遇到一个操作上的大问题。毕竟，如果往上算一代、两代、三代、四代、五代，……甚至算个几十代，肯定没有任何人有能耐扫得完这么多墓。任何事物都要有个"度"，所以，中国人扫墓，一般往上最多大概就算到五代。因为五世以上，一来操作上有困难，二来也不容易想出跟现世的人有太多的具体联系，终究离得太远，慢慢没记忆了嘛！因此，除了很特殊的人继续留个墓之外，基本在五世之后就立个神位，在祠堂里供奉着。可到了祠堂之后，后代子孙依然每年春秋两祭，重要的事情子孙也都得来祠堂汇报的。换句话说，即便已经没有墓了，咱祖先还是跟这个世界有着千丝万缕般无限的牵连。

死而不亡者寿

几年前的一个春天，我去金门讲座。后来主办单位安排我去金门黄氏宗祠的春祭观礼。这礼一观，心中着实佩服。宗祠里的祖宗牌位一字排开，排了二十几代，一直排到明代初期，至今，已六百多年了。世世代代，祭祀不辍。当去世已然六百多年的先人仍然被后代子孙年复一年地追祭时，那就意味着，他们跟这个世界的联系，六百多年来一直都在；换句话说，他们虽然躯体离世了，却未曾"乌有"，并没有真正消失掉。

这就让我想起那年在上海恒南书院两天的《史记》课。恒南书院是南怀瑾先生最后的道场，整个书院的空间是征求南先生同意设计的。整栋六层楼，很大。院方带我参观，哎呀！真是替南先生考虑得无微不至呀！可惜，南先生来不及去恒南书院，就溘然长逝了。南先生去世后，恒南书院成了宣扬南先生很重要的道场。每年三月南先生冥诞，都会举办南先生的纪念讲座。那年三月我去那边讲了一场，不久他们请我六月份再去讲了两天的《史记》。记得第一天来了一位女士，年纪较大，估计也是比较重要的人物。恒南书院院长李慈雄先生亲自接待了她，两天都一块儿吃饭。老太太吃饭时言道，上课之前，先去了南老师的遗像前行礼，三跪九叩，而后，伫立良久。接着又言道，南老师走了三年，奇怪，怎么老感觉南老师还没走呢?! 怎么老感觉南老师还在呢?!

　　是的，当我们觉得亡者一直都在，不断还念想他时，这就是祭祀的本质了。南先生这种大人物是如此，寻常人家的先祖亦是如此。中国文明通过祭祀，让普通的庶民百姓在死后三年、三十年、三百年，都还能够有后代子孙追念遥祭。透过这种方式，即便死后，人跟这世界的关联仍然绵延不绝。老子讲过，"死而不亡者寿"，中国人是透过丧礼与祭礼做到了"死而不亡"，于是获致了一种"中国式的永生"。中国人有了这种"永生"，生命就能安稳，面对每个人必然都有的死亡、面对所有宗教的困惑，也可以从容以对了。

传香火

　　这点明白之后，我们就可以理解为什么中国人以前老在说"香火""香火"。所谓"香火"，一来上香，二来熟食以荐，不就是祭祀吗？大家那么在意"香火"，首先要有子孙，有子孙才能延续"香火"；其次，子孙不能不肖，必须把"香火"这事念兹在兹、一直坚持下去。当世世代代的子子孙孙能"传香火"，能重视丧礼、重视祭祀时，中国人的信仰问题大致就可解决了。

　　中国人的信仰其实就是生命的延续，《易经·乾卦》说"自强不息"，《易传》则说"生生之谓易"，这生生不息对绝大多数的人而言，就是透过后代子孙让自己的生命永无止息、无限地延续下去。换句话说，中国的丧礼与祭祀让人可以虽有限而无限，形体有时而尽但精神却能永生不灭。在此情况之下，中国的丧礼和祭祀就与西方的宗教有着同等重要的分量。丧礼和祭祀的郑重其事，是给了中国人永生，也给了中国人一生最重要的保证。

因此，对待丧礼中的哭或不哭，就变成了一件特别紧要的大事。丧礼中亲人的痛哭，对于死者是一个保证，对于我们生者也是一个保证。前些年我爱人的祖母（我的祖岳母）九十几岁去世，我参加了丧礼。丧礼如果排资论辈，我这么个孙女婿，其实是排在挺后面的。这场合最重要的是儿子、媳妇，然后女儿、女婿，再然后孙子、孙媳妇，而后孙女，最后才是孙女婿。家祭排到我时，已近尾声；我磕了头，哭了一会儿，随即就退居一旁；接着，后头是公祭。台湾的公祭多半是一些大大小小的政治人物，县长啊、乡长啊、民意代表啊，下至"村长"、乡民代表，总之，没太大意思，毕竟他们是为了选票、拉拢关系而来，丧家则多少为了体面些罢了！两造虚的多、实的少，并没有太多的真实感。可那天选举相关的人物来得少，公祭时间却拉得很长。因为人多。一开始我没看明白，只觉得许多人似乎穿得都不算正式（大家知道，丧礼通常是得穿得比较正式些）。我有点纳闷儿，过了片刻，才恍然明白：这些人原来都是方圆几里内的邻居。有老的、有少的，有男的、有女的，潮水般一波波地来。按理说，一般邻居参加这种丧礼的人数不会太多，可那天的感觉是整个村子的人几乎全来了。更重要的是，许多人（包括一些年轻人）都掉了眼泪。我看着潮水般一波波进来的这些邻居落泪纷纷，特别感动，不禁泪流满面，也才意识到我这祖岳母有多了不起！原来，在世时，她就有这样的分量。丧礼中亲人的哭可算是天经地义，但连这些邻居都哭成这样子！

丧礼中的泪如雨下，见证了亡者毕生之分量，也给予生者人世之大信。那是阴阳两界的互证。也正因如此，丧礼中该哭而没哭，该保证而没保证，就会产生各式各样的难受。除了刚刚说的重庆女士的例子之外，我还听闻台湾某知名的公共知识分子提过，自从其父去世后，一年多，心头一直都解不开，非常难受。我第一个反应是，这人孝顺，可是，估计丧礼没有好好哭。

一般而言，知识分子没在丧礼中好好地哭算是挺常见的；毕竟，知识分子强调理性，经常摆出一种冷静而不带情感的姿态。现实中恐怕有不少人在丧礼中是那种不太哭得出来的人。毕竟，过度强调所谓理性，一不小心，就容易把情感给堵住。我有一位高中同学就属于这种人。他是我读高中时所遇读书最多、最擅长思辨的人。不过，后来读大学时，他班上有位同学车祸去世，他参加了丧礼；丧礼中他班上的女同学一个个伤心欲绝，哭得泪人似的。他其实也挺难过，可就憋在那里，眼泪怎么也掉不下来。等丧礼结束之后，那些刚刚哭成一片的女同学不一会儿又嘻嘻哈哈，很轻松，好像啥事儿都没有了。独独就他一个人还继续闷着、憋着，全身都不对劲儿。他说，后来整整难受了一个多月。

正因如此，中国古代丧礼讲究尽哀。该哭，就得好好哭；哭好了，人也通畅了。我最佩服以前乡下的那些老太太，丧礼时，一跪下，水龙头似的哗哗就哭，哭得死去活来，那眼泪加鼻涕，顿时涕泪纵横呀！这一哭，才一会儿，人就整个瘫软，旁边的人只好一直苦劝："哎呀，你这样哭坏了身体，亡者在天之灵，一定也会难过的，你要……"刚开始，还一边听一边抽泣，后来听听，挺有道理，慢慢就不哭了，随即又像水龙头似的关了起来。才待片刻，一转身去，又可以和人聊天说话，甚至，还能欢声笑语。大家想想，她前头的号啕痛哭到底是哭真的还是哭假的？肯定是真的。可是，为何情绪转换能如此之快？理由很简单，因为她的情绪是通畅的。《中庸》言道："喜怒哀乐之未发谓之中，发而皆中节谓之和。"她们这种通畅，差不多就是"发而皆中节"的那个"和"了。

该哭就哭，该收煞就收煞，这很重要。与亡者今生如此一场，丧礼中我们肯定要难过的，因此，好好地哭，亡者可以安息，生者也能逐渐平复心绪。该没完没了的，就没完没了；该画句号的，也须告一段落，从此我们得好好再过日子。于是，通过丧礼，再通过祭祀，我们不断与先人有着千丝万缕的联系，同时，也能好好地活在当下。于是，我们在生死之间、在阴阳两界，有一种既模糊又清晰的关系。正因这种既模糊又清晰的关系，中国人的祭祀一向是事死如事生。

祭如在，祭神如神在。

——《论语·八佾第三》第12章

《论语》中说"祭如在，祭神如神在"，同样也是这种既模糊又清晰的关系。其中同一个关键词"如"，虽假犹真、虽远实近；中国人有此"如"字，就能跨越时空，使古人与今人、祖先与子孙浑然一体。

"事死如事生"，亡者活着时怎么样，死后我们也同样地对待。仿佛，他都还在；因为，在我们心里，他一直都在。

关于这"事死如事生"，我说个笑话。那回，我在郑州讲课，对象多是学校里的老师，还有几个校领导。我提到扫墓的供品，基本上，就是根据当地的风俗、当地当季的时令食物，以及亡者生前的喜爱这三个原则来准备。接着我就说，譬如，百年之后，就帮我准备一些山药即可。一来我爱吃山药，二来眼下河南也盛产，当地当令嘛！结果，我随口这么一说，隔天有位校长，就带来一盒蒸熟的山药，另外还有一小袋的砂糖准备蘸着用。我没蘸糖，可尝了几段铁棍山药，味道甚好。于是，我边吃边笑道，这不，我才一讲完，隔天你就来帮我扫墓了？

这当然是玩笑。但是，祭祀先人的原则大致也就如此。活着如此，死后亦如此，事死如事生。因为，情感上，先人一直都在！如果我们一辈子都能确定，将来死后的十年、二十年、一百年、两百年，……后代也会一直这样地事死如事生，在我们心中，或多或少，应该都会有种安稳与踏实吧！几千年来，中国人正是通过丧礼与祭祀，而非透过宗教，获致了生命的安顿。毕竟，宗教是信者恒信、不信者恒不信，难免会有各式各样的、没完没了的争论、矛盾与冲突。中国人用丧礼与祭祀来安顿生命，既避免了宗教潜在的副作用，也可以对于别人怎么信仰宗教都没太多意见。中国人宗教感淡，可"民无信不立"的大"信"却如此牢牢实实地立了起来。

正因中国人的大"信"是建立在丧礼与祭祀的基础上，所以，中国人对后代的关切才会如此绵密而恒常。西方人当然也关注孩子，但是，只要到了成年，多半就鲜少过问，不像中国人自幼至长、从小到大、从未婚到已婚、从子到孙，近乎无穷无尽的关切。毕竟，中国父母的关心孩子，是立足于世世代代无尽绵延的视角。中国人的关心后代，一如对祖宗的无尽念想，都是信仰层次、近乎宗教的。中国人只要能往上联结祖宗、往下联系子孙，两端一直延伸时，生命就不再只是有限的线段，而是一条绵延不绝的直线，没有尽头。

眼下强调国学，当然甚好。可问题在于：大家多读一些国学、多念一些四书五经，中华民族是不是就能复兴、就能找回自身的魂魄了呢？我觉得，这只有某种程度的效果，可能比大家预期的还会小一些。事实上，中国自古以来没那么多人读四书五经。但即便如此，中国人的大信却始终都在。大家不能低估四书五经的重要，但也千万别高估四书五经的重要。中国人的大信是承载于每个人的具体生活里的，丧事好好办，祭祀好好祭，扫墓好好扫。在此基础上，读经典才有助于找回咱们民族的大信。有此大信，我们才会活得踏实。

自古以来，中国民间就有许多像我父母亲一样毕生没上过学、没念过书，依然可以踏实过日子的寻常百姓。他们的踏实，正源于中华民族那几千年不坠的大信；有此大信，他们的生命就有现代人难以企及的安宁跟强大。换句话说，中华民族几千年来屡经战乱，也屡经饥荒，但有此大信，一代代的中国人就能安稳踏实，历劫常新。"自古皆有死，民无信不立"，孔子在这里跟子贡说得如此严肃，甚至貌似不近人情，正因为这是最关键的大问题。

罕言性与天道

子贡曰:"夫子之文章,可得而闻也;夫子之言性与天道,不可得而闻也。"

——《论语·公冶长第五》第13章

接着,再说子贡。

子贡这回又说了,夫子关于《诗》《书》《礼》《乐》等具体之事,咱们可以经常听闻;至于性呀、天道呀这类的问题,我却未曾听夫子谈过呢!

这是子贡式的问题。毕竟,子贡聪明、好奇、善于思考。对于某些本质性的问题,譬如性与天道,他深感兴趣,也想打破砂锅问到底。正因为他关注这些,心里有个盼头儿,始终却没有着落,所以才会说"没听夫子谈过呢!"类似这样的问题,换成"不违,如愚"的颜渊,估计连提都不会提,因为,他没那么在意这些问题。

颜渊的不太在意，与孔子的鲜少谈论，其实都是同一回事儿。对此问题甚少着墨，既是《论语》的特色，也是中国文化的根本特色。

孟子说"性善"，荀子谈"性恶"，他们对于人性的讨论与思考，大家都很熟悉；对此问题，孔子却只讲了一句"性相近，习相远"，轻描淡写，也没展开来谈。为什么不多谈呢？因为，孔子面对生命的基本态度，更愿意是"不追问"。穷究"性善"或"性恶"这种本质性的问题，必然要有种追问的姿态。一追问，就容易变成纯思考、纯概念的驰骋。这样的驰骋，一开始看似有其必要，可不多久，就难保不会变成本末倒置、成了庄子所说的"往而不返"。

孔子对这种"往而不返"似乎很警惕，因此，面对各种思索与叩问时，便有一种强大的节制力。这种节制力，古人称之为"止"。换句话说，孔子不会陷于思索的泥淖而无法自拔。孔子这种"止"，源于对当下生命的专注。相较于种种的思索与叩问，他更关切的，毋宁是怎么把当下的日子过好。本质性的问题当然可以思考、可以疑问，但是，如果问到最后，要么，不得其解；要么，相互矛盾；要么，争论不休；最后反而妨碍了当下生命的安顿，问了依然是白问，那么，又问它干吗呢？

这就一如子路问"死"，孔子回答的是："未知生，焉知死?"孔子之所以这么回答,潜台词可能是:死后的世界倘使真能知道,然后呢?倘使不能知道,对于我现在该做什么又有什么妨碍呢?譬如说,假设咱们死后确实如佛教所说的入六道轮回,过去与现在的所作所为都会产生业力,决定来日怎么投胎,那么,孔子会觉得:这不就得了吗?你现在就得好好过日子,该孝顺的孝顺,该关心的关心,该感通的感通,做好该做的一切,将来投胎时,这一切不就是你最大的本钱吗?目前最要紧的,肯定还是把当下给安顿好。想太多死后的世界,一来会干扰眼下的安稳;二来也容易舍本逐末,忘掉了当务之急;三来也可能会变得过于功利。毕竟,想多了死后世界,肯定有不少人会为了死后投胎顺利才做善事的;功利心太重、目的性太强,总不是件好事。

　　说到底,想多了、追问久了,事情就容易复杂化。事情一复杂,人心就容易乱。这正是孔子不太追问的关键。所以他不谈死后的世界,也不怎么谈性。人性究竟如何,他不甚着墨;可后天的礼乐教化,他却念兹在兹、一时不敢或忘。孔子不务玄虚,不高谈阔论,现实感强烈的他因此只说,"性相近,习相远"。

　　至于天道,中国人一方面常说"天道渺茫",茫茫渺渺,有谁知道?可另一方面又总说"天道历然",天道确然无疑,清清楚楚。这看似矛盾,可中国人一向就是这样两者兼具的态度。这就如同孔子，明明信神，可又像个无神论者。孔子说"敬鬼神而远之"，既然"敬鬼神"，肯定是相信鬼神了；可随即又"而远之"，一下子就把人拉回来了。一如与鬼神的若即若离，对孔子而言，天人关系亦是如此；人必须把该尽的人事先尽了，然后对于天道到底是怎么一回事，才会有个大概的体会。这体会不好言说，也难以客观地谈。但总而言之，人得先尽人事，否则讨论再多的"天道"，都是枉然。《论语》时不时会出现"天"，譬如孔子会说，"知我者，其天乎？"；可即便如此，孔子依然鲜少讨论"天道"，一如他不太谈"性"。因为，多谈无益。因为，孔子时时关注着原点；跑远了，他总会提醒我们：该回来啦！

一路有风景

子曰："不知命，无以为君子也。不知礼，无以立也。不知言，无以知人也。"

——《论语·尧曰第二十》第3章

这章有三句，现在只说第一句"不知命，无以为君子也"。

孔子说，一个人要知道命，才有办法成为君子。这里所言之"命"，有阴阳两层含义，除了"使命"这种看来似乎比较"正面"的意思之外，肯定还有似乎带着"负面"的"命定"这一层（请注意：我把"正面"与"负面"都括上引号，前头还都加上了"似乎"二字）。

且先不管"命"这阴阳两层的相互关系，也不管那貌似"正面"与"负面"究竟是如何地流转与变化。一说到命，许多人不明就里，直接就认为是个迷信的东西。

我们有很长一段时间面对命数、风水、紫微斗数等时，都挺纠结。有人问，这些东西是不是都骗人的？我想，倘使一个骗人的东西能维持这么几千年，还发展得那么强大，恐怕，也有点匪夷所思吧！我读《史记》，刘邦的时代有一群人很会看相，看得很准。那么，他们都是骗子吗？记这些事的司马迁也存心要忽悠读者吗？不可能吧！

话说回来，算命看相之人有没有一些招摇撞骗、存心欺瞒的江湖术士呢？尤其醉心于"被"算命看相之人会不会有迷信之虞、产生某些不良影响呢？这毋庸置疑，肯定是有的。个中的关键，一方面在于如何分辨，另一方面则在于面对的心态。而面对心态的好坏，又会影响分辨能力之强弱。质言之，算命看相可信，也可不信，只要不"迷"，问题就不大。不要"迷信"，也不要过度"迷不信"。在我看来，紫微斗数、算命这些东西必然有其根据，不只在中国，西方也有类似的传统。但是，倘使我们把"命"说得太实、太过僵固，好像算出了是什么命，就完全如此、完全只能照着做，那就是"宿命论"了。宿命论的人活着，总之，无趣；啥东西都全安排好了，人像个傀儡似的，只能照着剧本来演，那多没意思呀！

简单地讲，中国人对命的态度是——相信生命会有个大致的方向，这是命定、跑不掉的。可在这基础上，我们该做的，还是要做。有时候，即使按照命数的规律我们不必做、做了也没用，可是我们觉得在情感上、道义上必须要做，我们终究还是得做。这就是"知其不可为而为之"。但这"知其不可为而为之"要有个"度"，不能做得太过分，别把自己搞到完全违背规律、彻底逆天行事。也就是说，我们先承认有"命"，在此承认的基础上，原则上我们顺着这个"势"来做，有时则不妨有些小唐突、唱个小反调，只要别太过分就行。

咱们看以前的小学生上学（现在小学生多半是家长接送，没啥太多好看了），鲜少有人会一路上昂首挺胸，目不斜视，只顾着往学校一路走去；只要是正常的小孩，大多会在这上学途中，一边朝目标走，一边玩着，两不妨碍。有些边走边踢石子儿，有些走走停停，看看猫猫狗狗、花花草草。有些小男生搭公交上学，候车时打了起来，打到一半，公交来了，暂时休战，赶紧上车，上了车，继续打。这真是好玩。这才是小孩，也才是人生。上学途中，该打打，该闹闹，该踢踢石子儿就踢上一踢，最后，还是会到学校的；可中间这过程，必须好玩，必须要有风景。

"命"也是如此。命是限制，也是成全；人生总有某些必然、某些无可奈何，但也不妨碍我们可以嬉游一番、唐突一下。命可算可不算，孔子好《易》，但他也不怎么占卜。命可算，但别算多了。算多了，人容易气弱；算多了，生命反而容易不安。不必知道的，我们就别知道那么多。别跟自己太过不去。我们慢慢去拿捏命数的规律和我们生命自由之间的平衡；也慢慢去体会老天在为难我们与成就我们的矛盾统一。如此一来，我们会比以前从容一些、也气定神闲一些，或许，这就是孔子所说的"不知命，无以为君子"。

孔子五十知了什么天命

大家都知道，孔子说自己"五十而知天命"，同样回顾五十岁，他还说过"加我数年，五十以学《易》，可以无大过矣"。

这两段话有没有什么关联？

> 子曰："加我数年，五十以学《易》，可以无大过矣。"
>
> ——《论语·述而第七》第17章

孔子说这话时，多大年纪？估计，与"五十而知天命"这话的时间点不会相距太远，应该是孔子最晚年了吧！两段话合在一起读，很耐人寻味。孔子晚年回顾一生，不无感慨地叹息道，倘使给他几年的光阴，在五十岁时，能好好地学《易》，应该就不会犯大过了！

从这叹息看来，孔子五十来岁时犯了大过吗？犯了啥大过？犯了这大过，会不会影响或导致了他"后来的"知天命呢？

刚刚之所以说"后来的"知天命，显然因为，"知天命"不太可能在"大过"之前。大家想想，倘使都"知天命"了，还会犯大过吗？因此，孔子所说"五十而知天命"的"五十"，肯定是个概略数字，实际可能就是五十多，大家别太胶柱鼓瑟。

那么，在孔子五十多岁时到底发生了什么事？

现在咱们在《论语》全书里，基本看不到线索；可读读《史记》里的《孔子世家》，大致会有些眉目。《孔子世家》记载，孔子在五十岁时，开始有机会施展抱负，当了中都宰。中都宰这个官，估计接近现在的县长。不多久，孔子政绩斐然，于是被提拔为鲁国的司空，而后又担任了大司寇。

孔子担任大司寇时，有一次鲁定公与齐景公会面，史称"夹谷之会"。从外表看来，"夹谷之会"似乎是两个诸侯对等之会面，其实不然。鲁国在春秋时代已然是个小国家，早些时候乃晋国之附庸，而后因齐国强大，遂背晋而投齐。换言之，"夹谷之会"是一个附庸国与宗主国的君主相会，不是想象中那种对等国家之间的高峰会谈。如果是真正的高峰会谈，会议规格一定很高，仪式也会庄重而繁复。这种庄重而繁复的礼仪，除非不得已，否则对于参与者其实都是一种负担。就齐景公而言，倘使要和类似晋国这种级别的国君见面，非得要如此正式而庄重，他也就认了；可跟一个附属国的国君见面，也得如此郑重其事，他就没太大意愿了。于是便交代，轻松点，别弄得太正式。

　　大家知道，在古代，规格越高、越正式的场合，音乐就越庄严肃穆。这种庄严肃穆的音乐，就是我们所说的雅乐。我们现在能听得到类似雅乐的音乐，大概就是祭孔音乐。如果各位有机会参加祭孔典礼，听这样的音乐，会觉得很庄严；可若是没事儿听听，就很容易索然无味，觉得无趣。老实说，觉得无趣是正常的，毕竟，太有趣了，也就不那么适合这种场合了。隆重的场合的音乐多半严肃，都会有点单调、有点无聊。于是，齐景公就不想那么庄重，决定会面时的音乐就用夷狄之乐，最好一边奏乐还能一边跳舞，轻松愉快，不必有那些拘束感。

　　结果，陪同鲁定公与会的孔子立刻强烈表达了不满。在这种场合里出现如此低层次的音乐，孔子认为对鲁定公不敬，于是就义正词严地要求撤掉。依礼而言，孔子当然是对的；齐国国君再怎么不愿意，也只好撤了。紧接着，齐国的有司趋而进曰："请奏宫中之乐。"结果，却安排了几个倡优侏儒来跳舞。在一片喧闹声中，孔子疾步跃上了坛台，怒曰："匹夫而营惑诸侯者，罪当诛！"在这种重要的场合，竟然有侏儒如此低俗之动作，这已非不敬，而是羞辱；以此来羞辱诸侯，按律该杀。这事不管于礼还是于理，齐国当然都站不住脚，只好把这些人杀了。后来齐国还觉得这事儿失礼，主动还给鲁国一块早先侵占之地。

这次，鲁国既取得了精神上的胜利，也获得了实质性的好处，可算一次空前的外交胜利。这是孔子首次在国际场合崭露头角，就宣扬国威而言，似乎做得非常成功。但在多年之后，孔子回过头来，可能才发现，正因这事他做得太好，反而出了问题。

完全平等，甚至，还把对方压得无法吭声；短期来讲，当然是大快人心，但就长远而言，恐怕是件不祥之事吧！毕竟，宗主国眼下吃了亏，来日肯定要报复的。双方强弱悬殊，明摆在那里；除非，鲁国能在很短的时间之内富强起来。只要鲁国的国势还维持原来的情况，孔子这时获得的胜利，就只是眼前的，长期来讲，反而会成为麻烦。

"夹谷之会"后，孔子在鲁国更受重用，不久，他开始协助鲁定公"恢复秩序"。定公十三年，他要把当时掌握大权、不时僭越礼制的"三桓"的都城堕毁（所谓"三桓"，是鲁国卿大夫孟氏、叔孙氏、季氏三家的合称。因为三家都出自鲁桓公，所以史称"三桓"。鲁国公室自宣公起，日益衰弱，国政被操纵在以季氏为首的三桓手中）。这一堕毁，当然引来了"三桓"的戒惧与某种程度的反弹。定公十四年，孔子又由大司寇行摄相事，大刀阔斧，杀了扰乱朝政的鲁大夫少正卯，与闻国政三个月后，鲁国气象一新，做到了"粥羔豚者弗饰贾，男女行者别于涂；涂不拾遗，四方之客至乎邑者不求有司，皆予之以归"的地步。

孔子如此雷厉风行、鲁国这么蒸蒸日上，都引来早已对孔子心怀芥蒂的齐国更大的不安。于是，齐国以数十名美女、上百匹宝马相赠鲁君为名，对掌握鲁国大权的季桓子释放出重大的政治信号。作为一个政治老手，季桓子当然清楚在这时间点上齐国这些"礼物"到底意味着什么。如果他收下，自然和齐国就可以达成默契，让孔子下台，但孔子一下台，鲁国兴盛的势头恐怕也得戛然而止。可如果不收，他就必须得罪鲁国上面的这个宗主国，而且，孔子继续风风火火大刀阔斧下去，终究也要砍到季氏自己。

说得更明白一些，季桓子面对孔子一直是又爱又恨，他深知孔子是个大才，如果重用，鲁国必然有番新局面；可他又忌惮孔子，孔子每天讲"必也正名乎"，"君君、臣臣、父父、子子",君要像个君,臣要像个臣,但当时鲁国早已君不君、臣不臣,国君大权旁落,季桓子也凌驾于鲁定公之上。倘使孔子实现了抱负,鲁国当真"君君、臣臣"了,那么,季桓子又该咋办?

于是,齐国这"礼物"到底收与不收,其实两难,一时间,季桓子真下不了决心,"礼物"一直摆在"鲁城南高门外",只好"微服往观之再三",一看再看,反复斟酌,琢磨了许久,最后,才终于决定:收!

这一收,连平日直来直往少了些迂回的子路都看明白是什么含义了,直接就对孔子言道,"夫子可以行矣"。可是,五十多岁才开始要落实淑世理想的孔子岂能在鲁国才刚刚起步的这当下就此撒手?不甘,也不愿哪!孔子抱着最后一丝希望,对子路言道,"鲁今且郊,如致膰乎大夫,则吾犹可以止"。可是,孔子再怎么盼,终究没盼着那祭祀用的熟肉(膰)。"桓子卒受齐女乐,三日不听政;郊,又不致膰俎于大夫。"最后的期待落空了,"孔子遂行"。

这一走,孔子去国十余载,从此,开始了他长路漫漫的"周游列国"。

至此,我们先暂时按下,回过头看《论语》另一章:

孔子曰:"天下有道,则礼乐征伐自天子出;天下无道，则礼乐征伐自诸侯出。自诸侯出，盖十世希不失矣；自大夫出，五世希不失矣；陪臣执国命，三世希不失矣。天下有道，则政不在大夫。天下有道，则庶人不议。"

——《论语·季氏第十六》第2章

补充这一章，是为了让大家更清楚季桓子为什么会下决心撵走孔子。

大家都清楚，孔子非常在意每个人的"各正其位"。什么样的人，就得做什么样的事。君君、臣臣、父父、子子，为君要有君的样子，当臣子也要有臣子的模样。只要一乱套，问题肯定就大了。因此孔子言道，倘使天下有道，不管是礼乐还是征伐，所有的大事一定都由天子而行。所谓天子，本来就是天下的中心。可自周幽王犬戎入侵之后，天子地位一落千丈，到了东周，就已经"礼乐征伐自诸侯出"，所有的大事都由诸侯主导，于是有了后来的"春秋五霸"。"自诸侯出，盖十世希不失矣。"一代三十年，了不起也就十代，三百年后，诸侯就开始被大夫架空；而后，"自大夫出，五世希不失矣"，鲜少有延续五代而不结束的。最后，等大夫都出了问题，变成陪臣来执国命、掌大权时，那么，"三世希不失矣"。

说完这每况愈下的历史规律之后，孔子话锋一转，

"天下有道，则政不在大夫"。这话只要是早先的季桓子，或者之后的季康子听到，大家想想，那该是多刺耳呀！正因孔子坚持"天下有道，则政不在大夫"，自然和季桓子就有着最根柢的矛盾，而最终被迫下台，也就在所难免了！

可是，季桓子对孔子的情感的确复杂。孔子离开鲁国之后，季桓子心里并不踏实。年老病危时，还让属下用轿子抬他到城墙上四处望了望，深深叹口气，言道："这国家本来差一点要兴起的，只可惜，当初我把孔子给赶走了。"（季桓子原话是，"昔此国几兴矣，以吾获罪于孔子，故不兴也。"）于是，转头交代他的儿子季康子："我即死，若（你）必相鲁；相鲁，必召仲尼。"季桓子遗命如此，季康子岂敢违逆？于是办完丧事之后，季康子执政，立刻就打算召回孔子。可一经讨论，却发现窒碍难行。而后犹豫再三，终究无法落实。为什么？说到底，依然是那五个字："政不在大夫。"

是的，各正其位。这是孔子毕生的信念，这也是孔子与季氏父子终究无法跨越的鸿沟。

我们再回到前面。当初孔子刚刚被迫去鲁之时，其实，心里是很有点不平的。毕竟，在政治上最意气风发、一生抱负正要展开时，"莫名其妙"地突然被迫下台，谁能完全心平气和？这难度太大了，任谁都做不到。去鲁的头一晚，孔子"宿乎屯"；鲁国的官员师己送行，言道："夫子则非罪！"您没错呀！孔子回说："吾歌可夫？歌曰：'彼妇之口，可以出走；彼妇之谒，可以死败。'盖优哉游哉，维以卒岁！"师己回鲁之后，季桓子问道："孔子亦何言？"师己据实以告。季桓子听罢，喟然叹曰："夫子罪我，以群婢故也夫?!"

"夫子罪我，以群婢故也夫?!"从季桓子的口气看来，在那时，孔子似乎没有完全看清楚季桓子真正的心思。而师己宽慰孔子，觉得孔子被委屈了，此事过错不在他，孔子的回应则是先说了"群婢"之事，再故作轻松地说，既然鲁国之事他不用再管了，那么，将来就"优哉游哉，维以卒岁"吧！

大家知道，"优哉游哉，维以卒岁"，那可不是咱们孔老夫子的做派呀！口里说要乐得轻松自在，可实际上，他依然是那位一心要"弥缝使其淳"的"汲汲鲁中叟"。他说的不是真话，也不可能当真去过庄子那种逍遥的生活。可他故作轻松也好，自我解嘲也罢，总而言之，的确是难掩心中之不平。心中不平，就意味着没把整个事情彻底弄明白。而自那时起，孔子周游列国十余载，究竟是在什么时候完全清晰明白了，我们不得而知；据《孔子世家》所载，其实也读不出来。季桓子到底是什么心思？其中有哪几桩是孔子当初应该看到却没有看到的？

这一切，估计还是得慢慢琢磨、慢慢醒悟过来的。

事实上，人和人之间只要发生了重大的矛盾或是激烈的冲突，不太可能只有对方的责任而自己是完全没有缺失的。十几年前，我跟一位情分极深的朋友关系破裂，当时心里很难受，也颇不平。但不久，这些我都丢开了。为什么？因为我得把一件事情给弄明白——我当然清楚对方有哪些问题，可是，不管如何，这过程肯定有某些环节是我轻忽了，原来应该可以更早看到征兆却没意识到，最后才导致事情变得不可收拾。冰冻三尺，非一日之寒，最后关系的破裂，前面必然有个过程。那么，为什么在此过程中我完全没意识到呢？为什么从头到尾我都如此大意、轻忽、不当回事呢？我得从头到尾过一过、自始至终理一理。而后，我几乎花了一个月，才把那些征兆、转变全部梳理清楚。而从清楚的那一刻，我就从这件事中完全解脱了。

对我们每个人而言，类似的冲突中，对方再多的错，我们都可以不管。毕竟，他的问题，得他自己解决，我们去批评、去数落，都没多大意思，因为，于事无补。但我们自己肯定也有哪些地方出了问题，我们却疏忽、遗漏了，这倒是得老老实实地找出来。否则，就可惜了。事实上，我们跟任何人的冲突，都可以变成一桩好的修行。包括夫妻之间，或者说，尤其是夫妻之间。

我想，孔子在周游列国的不知哪个当下，忽地把自己这么一桩特别错综复杂的大困顿、大挫折给参透了，不禁叹口气说，"加我数年，五十以学《易》，可以无大过矣"。他被迫下台这事，固然季桓子不对，可原来，他自己也有不到之处。这不到之处，其实就是某些事没掐准、某些关键没看到，若说得严重些，就是他所说的"大过"（"过犹不及"之"过"）。

　　什么大过？

　　其一，在面对齐国时，以小事大，本来就不能过度要求形式上的平等，也不能把短期的胜利当成真正的成就。个中平衡，其实不好拿捏。一下子扳倒对方，固然有一时之快，可后续的反扑，却也极难避免。

　　其二，季桓子是个政治老手，说得好听些，他是个有一定政治成熟度的从政者。季桓子懂得在安全范围内用孔子，所以，从孔子担任中都宰、司空，乃至大司寇，他都可以任由孔子发挥。但随着孔子施展的空间越大、蕴积的政治能量越强，意味着也越有可能踩到"政治红线"时，季桓子的顾忌自然也就与日俱增。而这时，孔子只能以更高的政治智慧，同样在安全范围内慢慢去落实自己的政治理想，可是，这难度实在太高了。只要拿捏不好，再怎么谈理想抱负，终究都要成梦幻泡影。当孔子由大司寇行摄相事，开始雷厉风行、成果斐然之时，高处不胜寒，就已是必然的了。当一个人攀上顶峰时，那也意味着，随时都有粉身碎骨的可能。因此，身在顶峰，就不能只是意气风发，而是必须意识到凶险、感知到忧患，战战兢兢、如临深渊、如履薄冰。《易经》说的，不就是这事吗？有得，就有失；有成，就有毁；事之变，唯在一机。《易经·坤卦》初六的爻辞，"履霜，坚冰至"，见微知著、防微杜渐，其实，都比我们想象的难得多。

事先的见微知著，是"前机"，真错过了，也只能作罢；可事后的清醒憬悟，则是不能再轻易放过的"后机"。中国学问总强调"反求诸己"，是让我们能在生气愤怒、怨天尤人之外，还能清楚地看到自己在哪个环节出了问题。倘使能清楚看到，就算没有错失这"良机"。天下之事，肯定都事出有因，这因愿意看，慢慢就能看得到；若不愿看，必然也就看不着。倘使无法看到，定然就会觉得世道不公、上天负我，于是，抑郁烦闷、愤懑不平，就在所难免了。可一旦看着了、心眼开了，自然会发现天下之事虽说不尽公平，可说到底，也仍然还有一定程度的道理在。只不过，那道理常常是隐微而曲折罢了！今天我们难受、困顿至此，岂非事出有因？岂能没有自身的缘故？当我们承认这事实之后，才可能真正逮着那形势翻转最关键的一"机"。

准确地说，孔子其实都五十多岁了，才开始真正所谓的"知天命"。五十岁时,还意气风发、准备大展身手呢!他是失败之后,才一步步清楚、明白地"知天命"。大凡生命智慧的打开,多半不是在意气风发之时,而是在挫败失意之后。孔子周游列国十几年,似乎一事无成、处处碰壁。每回有了机遇,忽地又擦身而过;走到哪儿,当国君想用他时,恰恰就有人要中伤他、说他闲话。若用咱们世俗之人的说法:咦——怪了,孔子怎么会如此容易犯小人呢?

以前读书,当然会觉得这些小人真是混账。可后来才知道,老犯小人,其实跟自己、跟整个大形势是脱离不了干系的。小人为什么老缠着你?是不是自己有某些人格特质招惹了他们?或者,整个大形势造成了某种不得不然?总而言之,我们都不喜欢小人,可是,小人自己其实也不喜欢小人,但为什么最后他会成了小人?我想,除了讨厌他们之外,大家其实也可以试着去体会体会。

孔子处处犯小人,最核心的原因,其实也不是谁是谁非,而是他无论走到哪里肯定都要坚守他谈了一辈子的类似"君君、臣臣"这样的底线。曾经有几个国君都考虑要重用他,因为,他是大才,不用可惜;可是,用了又很麻烦。麻烦之处,正在于这些国君总会与孔子的某些底线有所矛盾。于是,他们不断掂量、琢磨,最后都必须是不了了之。而在不了了之之前,也总会有那么

222 | 乐以忘忧

几个所谓的"佞臣""小人"说上那么几句"闲话"。但这些"闲话",其实已无关宏旨。

于是乎,孔子就这样一次又一次地与机会擦身而过,离开了这国又去了那国,中途,还几回险遭不测。最后,绕了一圈,历时十余载,终于清楚:原来,他的政治理想在那个时代已不可能实现;原来,这就是命!

最后,季康子还是把他请了回去。可回鲁之后,孔子就宣布淡出政坛,不再直接涉入政治了。这一转身,他慢慢把视角拉远、拉长,慢慢把中国文化最根本的土壤培深、培厚;开始删《诗》《书》、定礼乐、作《春秋》。那位一直想在现实政治着力的"汲汲鲁中叟",从此,把他"弥缝使其淳"的志业紧紧地与中华民族的文化气脉绾合在一起。

事实上,假使孔子当年现实上获致成功,在鲁国立稳脚跟,与季桓子经历一番周旋之后,顺利恢复了政治秩序,也使"君君、臣臣"重新落实,鲁国国君、各家大夫都能各正其位,真正做到他所说的"政不在大夫"。但即便如此,这样各正其位的局面到底又能维持多久?我想,最了不起,大概撑个三五十年吧!只要孔子一走,不需多久,自然又会回到原来那种礼坏乐崩的局面。更别说鲁国终究只是个影响力不大的国家,又如何改变得了整个周朝的天下呢?

显然，真要说扭转礼坏乐崩的局面，压根儿就不是孔子一个人所能做得到的。事实上，任何人（包括周天子）也都不可能有此能耐。毕竟，天下整体的形势就是在分、在垮、在崩解，历史规律如此，天意也是如此。整个封建制度的倾颓已然是大势所趋，任何人纵使抵挡得住一时，终究无法根本改变这样的趋势。周文明的礼乐秩序只会不断崩垮，直到最后由秦始皇来收拾局面。没有任何一个人的能量可以巨大到彻底扭转历史的规律，这是不可能的。

　　孔子当然日益清楚这样的趋势，可是，他的理想呢？果真就变成梦幻泡影了吗？是的，眼下的确无法成事了，可是，将来呢？上天貌似为难了孔子，但有没有可能也成全了他？孔子慢慢从现实政治中抽身，把自己这一生好好过了一过，更把哺育他的周文明仔仔细细梳理了一番，譬如，他开始写《春秋》，"上明三王之道，下辨人事之纪，别嫌疑，明是非，定犹豫，善善恶恶，贤贤贱不肖，存亡国，继绝世，补敝起废，王道之大者也"。谈这些，有用吗？从我们眼下的角度看来，在孔子当时，显然没用；可接下来的两三百年后，孔子所谈的，就成了日后两千多年中华民族的大根大本。说得再清楚些，孔子用礼乐为中国的政治定了性，当时不被理会，可后来汉朝就用上了，且这一套还成为日后二千多年中国政治的主流。

> 叶公问孔子于子路，子路不对。子曰："女奚不
> 曰：其为人也，发愤忘食，乐以忘忧，不知老之将
> 至云尔。"

——《论语·述而第七》第19章

最后，咱们简单读读"乐以忘忧"这章，也权作这部分的小结。

叶公问子路：你的老师孔子到底是怎样的一个人呀？这一问，子路突然被问住了，不知怎么回答。孔子闻听后，便不无得意、更有几分欢喜地说，你怎么不对他言道，我老师那个人一发愤起来，有时就把吃饭都给忘掉了。最重要的，则是下面这句话，"乐以忘忧，不知老之将至"。

"乐以忘忧，不知老之将至"。是的，周游列国、一路困蹇的孔子，说这话时，应该都已六十多岁了！换成别人，都垂垂老矣，免不了要叹老嗟穷吧！然而，咱们夫子那元气之足，还"不知老之将至"呢！他说自己"乐以忘忧"，"忧"，肯定是有的，不如意，也是难免的，但是，只要生命有着更根柢、更强大的"乐"，那些什么"忧"呀、不如意呀，就都不是个事儿了。正如尽管现实

政治上一路挫败，可随着年龄越长，他却感觉到眼前一片光亮。是呀！"知天命""知天命"，"命"是限制，也是成全；"命"是"命定"，也可以是"使命"。咱们老夫子咂摸咂摸，想想这"命"，只觉得精神抖擞、一片亮堂，没准，忽地嘴角一扬，就笑了起来。

.